Anselm Grün
Johannes Matthias Roth

Du bist einzigartig

Das göttliche Kind in uns

HERDER

FREIBURG · BASEL · WIEN

Originalausgabe

© Verlag Herder GmbH, Freiburg im Breisgau 2010
Alle Rechte vorbehalten
www.herder.de
Satz: Layoutsatz Kendlinger
Herstellung: fgb · freiburger graphische betriebe
www.fgb.de
Umschlagkonzeption und -gestaltung:
R·M·E Eschlbeck/Hanel/Gober
Umschlagmotiv:
© Sabine Hanel
Gedruckt auf umweltfreundlichem,
chlorfrei gebleichtem Papier
Printed in Germany
ISBN 978-3-451-07108-9

Inhalt

Du bist einzigartig

Du bist einzigartig, niemand ist wie du,
sieht die Welt mit deinen Augen, lächelt so
   wie du.
Du bist einzigartig, niemand ist wie du:
Du bist ein Geschenk des Lebens,
   einzigartig bist du.

Du bist einzigartig, niemand träumt wie
   du,
hofft und sehnt sich nach dem Leben, liebt
   so wie du.
Du bist einzigartig, niemand ist wie du:
Du bist ein Geschenk des Lebens,
   einzigartig bist du.

Einzigartig ist deine Lebensspur, gesegnet
    deine Einmaligkeit.
Ein Mosaik aus Licht und Farben, schön
    anzusehen
das Leben lebt so nur in dir.
Mit den Augen eines Kindes ins
    Lebensland sehen:
freundlich, mutig, bedingungslos.
Du selbst bist ein Geheimnis, ein Licht
    scheint tief in dir,
einzigartig, einzigartig.

Du bist einzigartig, niemand fühlt wie du,
singt die Melodien des Lebens, wagt so wie
    du.
Du bist einzigartig, niemand ist wie du:
Du bist ein Geschenk des Lebens,
    einzigartig bist du.

Vorwort

„Du Papa, ich hab eben ganz stark meine Seele gespürt! Ich glaub, ich war für einen Moment im Himmel!", ruft mein jüngster Sohn und drückt seine Hand fest auf sein Herz. „War das wirklich meine Seele?", fragt er aufgeregt nach und wartet auf meine Antwort.

Haben Kinder noch das Gespür für die Seele? Spüren sie noch etwas von dem einzigartigen Kern in uns? Haben sie noch den direkten Zutritt zum „Allerheiligsten des Menschen", nach dem wir Erwachsenen uns sehnen? Und was antworte ich, wenn auch das Kind in mir sich zu Wort meldet und nach den Antworten fragt, die lebensnotwendig sind?

Die vielen faszinierenden Aussprüche und Fragen meiner Kinder, die Balladen, die ich in den letzten Jahren zu diesem Thema komponiert habe und gerade die gemeinsamen Segensandachten mit Pater Anselm Grün inspirierten uns beide, „das Kind in uns" mit allen seinen schillernden und farbenfrohen Facetten nun einmal näher zu beleuchten, ja zu meditieren. Das Ergebnis davon halten Sie nun in Form dieses Buches in Händen.

„Mit den Augen eines Kindes ins Lebensland sehen, freundlich, mutig, bedingungslos. Du selbst bist ein Geheimnis, ein Licht scheint tief in dir, einzigartig ..."

10

Mögen unsere ökumenischen Impulse die Sicht auf das Kind in uns behutsam freilegen und neue Spuren auf einem einzigartigen Lebensweg ermöglichen.

Johannes Matthias Roth

Einleitung

In Kinderaugen zu schauen fasziniert uns alle. Wenn ein Kind uns anlacht, dann können wir nicht grimmig zurückschauen, dann entlockt es uns auch ein Lachen. Das Kind, das uns so absichtslos anlächelt, bringt uns in Berührung mit unserer Sehnsucht, das Kind in uns selbst zu entdecken. Es ist die Sehnsucht, so klar und frei zu sein wie das Kind, ohne den Druck, sich vor anderen beweisen zu müssen, ohne überlegen zu müssen, ob das, was wir jetzt sagen oder tun, angemessen ist. Das Kind, das wir voller Freude, aber auch manchmal voller Wehmut betrachten, erinnert uns an das Kind in uns, das unverfälschte, spontane, klare und freudige. Die Psychologie sagt, dass es uns guttut, dieses Kind wieder zu spüren und

13

dadurch mit dem unverfälschten Bild in uns in Berührung zu kommen. In jedem von uns ist dieses staunende, freie, mit sich im Einklang seiende Kind. Es will nur geweckt werden, damit es aufleben kann. Die Texte dieses Buches wollen dazu einladen, es zu entdecken und so neue Lebendigkeit und Freiheit zu entfalten.

Das Kind, das wir in uns tragen, spiegelt ganz verschiedene Aspekte unserer Persönlichkeit. In der therapeutischen Arbeit geht man davon aus, dass jeder in sich ein verletztes Kind trägt, das in der Kindheit zu kurz gekommen, das verlassen worden ist, auf dessen Gefühlen man herumgetrampelt hat, das lächerlich gemacht wurde und dessen Einzigartigkeit die Eltern übersehen haben. John Bradshaw, ein amerikanischer

Theologe und Psychologe, rät uns, mit dem verletzten Kind in uns Kontakt aufzunehmen, mit ihm zu sprechen, es mütterlich oder väterlich zu umarmen und ihm zu vermitteln: „Ich bin bei dir. Ich schütze dich. Ich verstehe deinen Schmerz. Aber ich verlasse dich nicht. Ich halte es bei dir aus." Dann wird es aufhören zu jammern und sich bei unpassenden Gelegenheiten zu Wort zu melden. Wir umarmen es und trösten es, so kommt es in uns zur Ruhe und findet in unseren mütterlichen oder väterlichen Armen das, was es als Kind nicht bekommen hat.

John Bradshaw rät allerdings, nicht beim verletzten Kind in uns stehen zu bleiben, da wir sonst Gefahr laufen, es für alles verantwortlich zu machen, was in unserem Leben schiefläuft.

Ein anderer Aspekt ist das göttliche Kind, das jeder in sich trägt. Es bringt uns in Berührung mit unserem wahren Selbst, mit dem ursprünglichen Bild, das Gott sich von uns gemacht hat. Das göttliche Kind ist eine Quelle von Kreativität und ruft uns auf zur spirituellen Erneuerung und inneren Verwandlung. Es hält uns innerlich lebendig und weiß genau, was für uns gut ist. Es hat ein Gespür dafür, wie wir auf die Krisen unseres Lebens reagieren sollen, und befreit uns von der Herrschaft des Ego, das sich immer beweisen und rechtfertigen muss, das nur gelernt hat, zu überleben, aber nicht wirklich zu leben. Das göttliche Kind schenkt uns die Gewissheit, dass es in uns etwas Göttliches gibt, das nur durch uns ausgedrückt werden kann: Jeder Mensch ist einmalig, jeder ist ein Bild, das Gott sich nur

16

von ihm gemacht hat, jeder ist ein Wort, das Gott nur in ihm ausspricht, damit es in dieser Welt durch ihn vernehmbar wird.

In dem vorliegenden Buch sprechen Johannes Matthias Roth und ich von verschiedenen Aspekten des Menschenkindes. Die kursiv gesetzten und die Liedtexte stammen von Johannes M. Roth.
Das Menschenkind ist der Mensch, der noch in Berührung ist mit dem Kind in sich. So wünsche ich Ihnen, liebe Leserinnen und Leser, dass Sie das göttliche Kind in sich entdecken und es Sie innerlich erneuert, Ihnen die schöpferische Kraft zeigt, die in Ihnen verborgen ist. Das Leben wird bunter, wenn Sie dem verletzten Kind in sich Schutz verleihen und das göttliche Kind spüren. Sie werden die Buntheit Ih-

17

res Lebens entdecken, das spielerische, das träumende, das feiernde, das singende und das gesegnete Menschenkind. Ich wünsche Ihnen, dass Sie in Ihrem Leben den Segen Gottes erfahren und selbst zum Segen werden für andere.

Pater Anselm Grün

Das spielende Menschenkind

Ich bin zu einem Taufgottesdienst eingeladen. Mit viel Musik und Bewegung wollen wir das „Fest des Lebens" in der Kirche feiern. Gitarre, E-Piano, Akkordeon, Flöte und Rasseln stelle ich in Reichweite des festlich geschmückten Taufsteins bereit. „Guten Morgen, lieber Gott, ich bin schon aufgewacht, ich freu' mich auf den Tag und bitte dich: Bleib du heut bei mir!" Wir singen, klatschen, drehen uns im Kreis und strecken unsere Arme nach oben. Das Geschwisterkind, die Eltern, die Paten und Gäste des Täuflings, alle lassen sich einladen mitzumachen. Ein kindliches Lächeln und Strahlen ist sogar auf den Gesichtern der Erwachsenen zu entdecken. „Dieser Tag ist ein Fest des Lebens, denn in der Taufe sagt Gott: Ja! Er umgibt dich mit seinem Segen und ist immer für dich da!" – mit diesem

19

Lied stimmen wir uns auf die Taufe ein und gehen dann zum Taufstein, wo viele Blumen wie kleine Sonnen leuchten.

Alle stehen jetzt dicht gedrängt bei der Tauffamilie und dem Täufling. Ganz vorne der kleine Bruder. Und während Taufwasser das kleine Köpfchen benetzt, erklingen feierlich die biblischen Worte zur Taufe. Dann ist es still.

Mitten in die heilige Stille hinein ruft der kleine Bruder:„Nochmal, nochmal!" Die Taufgemeinde zuckt erschrocken zusammen. Dann bricht schallendes Gelächter los. „Nochmal!", wiederholt er seine Forderung nach dem „Taufspiel", während er am Taufstein auf und ab hüpft und die Kirche vom Lachen der Erwachsenen erfüllt ist. So manchem Erwachsenen dämmert in diesem Moment, dass der Zwischenruf nach einer „Zugabe" mehr ist als nur ein naiver Kinderwunsch. „Wenn ihr mit Kinderaugen seht und mal in Kinderschuhen geht, dann werdet ihr verstehen!"

Kinder spielen gerne. Sie vergessen sich dabei und sind ganz mit dem beschäftigt, was sie gerade tun. Im Spielen bauen sie sich oft eine eigene Welt auf. Ich lasse mir in der geistlichen Begleitung immer erzählen, was die Erwachsenen als Kinder gespielt haben und womit sie sich stundenlang beschäftigen konnten, ohne zu ermüden. Meine Erfahrung zeigt mir, dass sie da mit ihrer eigenen Quelle in Berührung kommen, mit dem ursprünglichen inneren Bild, das Gott sich von ihnen gemacht hat. Diese Quelle könnte ihr Leben erneuern, wenn sie daraus schöpften.

Oft drücken Kinder in ihrem Spiel aus, was sie für sich selbst brauchen. Ihre Seele weiß,

21

was für sie gut ist. Ein Mädchen spielt zum Beispiel mit Puppen und stellt sich vor, es seien Vater, Mutter und Kind. In ihrem Spiel liebkosen die Eltern ihre Kinder und sorgen für sie. Wenn sie krank sind, streicheln sie sie und nehmen sie in den Arm. Die Wirklichkeit sieht für das Mädchen aber ganz anders aus. Es findet keine Geborgenheit bei seiner Familie, die Eltern haben kaum Zeit für es und Gefühle drücken sie ihm gegenüber so gut wie nie aus. Alles, was dem Mädchen fehlt, stellt das göttliche Kind in ihm im Spiel dar. Das Spiel ist eine Art Selbsttherapie für das Kind. Darin probiert es aus, wie gelingendes Leben geht, und drückt das aus, wonach es sich so sehr sehnt. Durch das Spiel wird das Dargestellte für das Mädchen ein Stück Wirklichkeit.

Eine Frau erzählte mir einmal, dass sie den Raum, in dem sie mit ihren Puppen spielte, bewusst abschirmte, damit sie ihren eigenen Freiraum hatte, zu dem die Mutter keinen Zutritt hatte, den sie nicht stören konnte. Sie wollte darin ihr eigenes Leben formen und nicht immer wieder von der Mutter daran gehindert werden, selbst zu leben.

Ein anderes Beispiel: Ein Mann spielte stundenlang auf dem Dachboden und baute dort im Spiel seine eigene Welt auf, in der die Gesetze herrschten, die er für seine Spielfiguren festlegte. Als er sich an dieses Spiel erinnerte – inzwischen war er Schuldirektor geworden –, kam er mit dem göttlichen Kind in sich in Berührung. Und so hatte er wieder Lust, auch in seiner Schule eine eigene Welt aufzubauen, in der man anders miteinander umgeht, in der nicht

23

das Kultusministerium mit seinen büro-
kratischen Vorgaben das Leben bestimmt
und die Erwartungen der Eltern ihn nicht
bedrängen. Er baute eine eigene Welt auf,
in der die Schüler und Lehrer Lust hatten
an dem, was das Leben wertvoll macht, in
der sie achtsam miteinander umgingen, in
der sie Freude hatten an Ritualen und an
gemeinsamen Feiern.

Psychologen sind der Ansicht: Wer gut
spielen kann, der kann auch als Erwachsener gut arbeiten. Denn im Spielen drückt
er etwas aus, schafft er eine eigene Welt,
gestaltet und formt er sie. Und genau das
wird er auch bei der Arbeit tun, er wird mit
Fantasie an seine Aufgaben gehen.
Kinder werden heute oft daran gehindert
zu spielen beziehungsweise das Spielen

wird „verzweckt". Zum einen, weil die Anforderungen an sie immer größer werden.
Sie müssen beispielsweise möglichst schnell
Sprachen lernen, um später als Erwachsene
dann mitzukommen. Doch wenn sie nicht
mehr spielen dürfen, werden sie als Erwachsene wenig Energie haben. Der Wille
allein genügt nicht, um den Anforderungen
des Lebens zu genügen. Wir brauchen den
Kontakt mit unserer inneren Quelle, mit
dem göttlichen Kind in uns, um kreativ auf
Herausforderungen reagieren zu können.
Zum anderen werden sie am Spielen gehindert, weil sie zunehmend Fernsehen
schauen oder vor dem Computer sitzen.
Fernsehen und Computerspiele machen
nicht kreativ. Bei Computerspielen ist beinahe alles vorgegeben. Man kann nur in-
nerhalb des Programms etwas variieren,

aber man erfindet kein (neues) Spiel. So wird die Kreativität zugeschüttet. Wer immer nur passiv zuschaut, wie andere spielen, lernt es selbst nicht. Solche Menschen passen sich auch als Erwachsene dem an, was von ihnen gefordert wird. Aber irgendwann werden sie ausgebrannt sein, weil sie abgeschnitten sind von ihrer inneren Quelle. Sie haben nie gelernt, sich ihre eigene Welt zu schaffen. Daher werden sie die Welt nur kopieren, aber nicht formen.

Als Erwachsene sollen wir uns nicht nur an die Spiele unserer Kindheit erinnern, um mit dem göttlichen Kind in uns in Berührung zu kommen. Wir sollen uns auch Zeit für das Spielen gönnen. Vätern und Müttern tut das gut, auch wenn es ganz einfache Spiele sind wie „Mensch ärgere dich

nicht!" oder Kartenspiele. Da kommen ge-
standene Väter oft mit dem Kind in sich in
Berührung. Sie werden auf einmal wieder
jung und zeigen Kreativität. Und sie haben
großen Spaß daran! Aber Erwachsene sollten auch sonst lernen, spielerisch mit ihrem
Leben umzugehen. Viele meinen, das Spiel
sei Zeitverschwendung, sie hätten Wichtigeres zu tun. Doch das ist ein Fehlschluss.
Wer immer nur mit Wichtigem beschäftigt
ist, schneidet sich selbst ab von der Quelle
seiner Kreativität. Spielen macht das Leben
leichter, weil wir darin die verzweckte Welt
unseres Alltags übersteigen. Wir lockern
die Fesseln, die die Erwartungen anderer
uns angelegt haben, und fühlen uns frei.
Wir kommen in Berührung mit unserer inneren Freiheit und Kreativität.

Romano Guardini hat in seinem berühmten Buch „Vom Geist der Liturgie" im Jahr 1920 die Liturgie ein heiliges Spiel genannt: Wir spielen uns hinein in das Geheimnis der Erlösung durch Jesus Christus. Wir drücken in dem heiligen Spiel der Liturgie die wichtigsten Aspekte unserer Seele aus. Wir spielen in den Ritualen den König und die Königin, die wir sind. Wir stellen dar, dass wir Kinder Gottes sind und nicht nur die Kinder unserer Eltern, dass wir von Gott bedingungslos geliebt sind.

Ähnliches gilt für das Kirchenjahr. C. G. Jung nennt es ein therapeutisches System. In den Festen des Kirchenjahres drücken wir Aspekte unserer Seele aus, die entscheidend sind für unsere Selbstwerdung und Ganzwerdung. Damit wir ganze Menschen werden, stellen wir die verschiedenen The-

men unserer Seele in den Ritualen der Feste,
die uns die Kirche feiern lässt, spielerisch
dar. Das heilige Spiel – davon ist Romano
Guardini überzeugt – heilt unser Leben. Es
erfrischt uns, es bringt uns in Berührung
mit dem göttlichen Leben, das in uns ist, an
dem uns Gott in Jesus Christus teilhaben
lässt. Romano Guardini hat kurz vor seinem Tod an den liturgischen Kongress in
Trier einen Brief geschrieben. Darin fragt
er skeptisch, ob der heutige Mensch noch
liturgiefähig sei. Wer als Erwachsener das
Spiel als kindisch abtut, der wird sich auch
nur schwer auf das heilige Spiel der Liturgie einlassen können. So tut es uns gut, uns
an die Spiele unserer Kindheit zu erinnern
und auch als erwachsene Menschenkinder
wieder mit Lust zu spielen. Ob in der Liturgie oder in der Freizeit – wir spielen uns

hinein in unsere Freiheit, in unsere Weite und letztlich in unsere Befreiung durch Jesus Christus, das heißt in unsere Erlösung.

Lasst uns Kinder Kinder sein

Lasst uns Kinder Kinder sein, lasst uns
    spielen, lasst uns lachen.
Lasst uns Kinder Kinder sein, lasst uns
    auch mal Blödsinn machen.

Wenn ihr mit Kinderaugen seht und mal in
    Kinderschuhen geht,
dann werdet ihr, dann werdet ihr,
    dann werdet ihr verstehen.

Wenn ihr mit Kinderohren hört und euch
    an unserm Spiel nicht stört,
dann werdet ihr, dann werdet ihr,
    dann werdet ihr verstehen.

31

Wenn ihr mit Kinderhänden gebt und
euch einander gern vergebt,
dann werdet ihr, dann werdet ihr,
dann werdet ihr verstehen.

Wenn ihr nur mit uns Kindern lebt und
manchmal euch ein Beispiel nehmt,
dann werdet ihr, dann werdet ihr,
dann werdet ihr verstehen.

Das fragende Menschenkind

Eigentlich müsste ich im Guinnessbuch der Rekorde stehen. Warum? Weil sicherlich kein anderer Vater täglich derartig von seinen Kindern mit Fragen regelrecht bombardiert wird. Eigentlich liebe ich es ja, wenn Kinder sich ins Leben hinein fragen, die Welt voller Neugierde und Wissensdurst erobern. Aber die Frageattacken meiner drei Kinder sind manchmal schon wirklich rekordverdächtig. „Papa, wie viele Nullen hat die Zahl Unendlich?" – „Wer war früher da, Jesus oder die Dinosaurier?" – „Papa, ist heute schon morgen?" – „Wer ist schneller: Gott oder die Lichtgeschwindigkeit?", so fragen sie, meine kleinen großen Philosophen. Den buchstäblichen Rest gab mir dann aber bei einer neuerlichen Fragerunde die Frage meines Jüngsten: „Papa, wie viele Nerven hast du ei-

33

gentlich?" Erschöpft gab ich zur Antwort: „Keinen einzigen Nerv habe ich mehr, wenn du auch nur noch eine Frage stellst!" Prompt folgte sie: „In welchem Bauch warst denn du mal, Papa?" Mit großen Augen schaut er mich an. Ich war erstaunt, wie schnell er die Themen änderte, und muss kurz überlegen. Dann sagte ich: „In Omas Bauch, das weißt du doch!", und erzählte von meiner Mutter. Dann redeten wir, nahmen uns die Zeit, über die zu sprechen, denen wir uns verdanken: Eltern, Großeltern, Gott. Und plötzlich spürten wir, wie diese Frage uns beide beflügelt hatte.

Kinder fragen ständig. Manchmal gehen sie ihren Eltern damit ziemlich auf die Nerven, denn wenn die Eltern antworten, haben sie meist gleich eine neue Frage. Manche haben den Eindruck, ihr Kind frage ihnen Löcher in den Bauch. Das liegt aber oft genug auch daran, dass Eltern auf die beinahe philosophischen Fragen ihrer Kinder oft keine Antwort finden.

Doch die Kinder bringen damit etwas zur Sprache, was das Wesen des Menschen ausmacht: Der Mensch ist als Mensch ein Fragender. Alle Philosophie beginnt mit der Frage. Und manchmal sind Kinder richtige Philosophen. Sie stellen die gleichen Fragen, die schon die griechischen Philosophen vor 2500 Jahren beschäftigt haben. Sokrates war berühmt für seine Fragen. Er verstand Philosophie als „Hebammenkunst", das heißt, er stellte seinen Schülern immer nur Fragen und gab selbst keine Antworten. Vielmehr versuchte er, durch seine Fragen aus den Schülern selbst Antworten hervorzulocken.

In dieser Tradition der griechischen Philosophie hat im letzten Jahrhundert der deutsche Philosoph Martin Heidegger den Menschen als Fragenden begriffen. Menschliches Dasein – so sagt er – kann und muss fragen. Die Grundfrage, die der Mensch mit seinem Dasein stellt, ist die nach dem Sinn des Seins. Erst wenn er diese grundsätzliche Frage stellt, kann er auch nach dem Sinn einzelner Dinge fragen.

Der große Theologe Karl Rahner ist seinem philosophischen Lehrer Heidegger darin gefolgt. Er versteht den Menschen notwendigerweise als Fragenden. Die Sonderstellung des Menschen in dieser Welt begründet sich darin, dass er ein fragendes Wesen ist, dass er grundsätzlich alles in Frage stellt, dass ihm alles, was ihm begegnet, zunächst einmal als fraglich erscheint.

Kinder erinnern uns mit ihren pausenlosen Fragen daran, dass dies wesentlich zu unserem Leben gehört. Wir fragen nach, was gewesen ist, nach dem Sinn des Geschehens. Wir fragen einen Menschen, der uns etwas erzählt, wie er sich dabei fühlt, wie er das verarbeitet. Durch das Fragen wollen wir den andern einladen, noch mehr von sich zu erzählen und selbst klarer zu sehen. So können wir ihm helfen, dass er sich selbst besser versteht.

Deshalb geben Psychologen ihren Klienten auch keine Antworten, sondern fragen sie, damit sie sich selbst und ihr Leben infrage stellen und eine neue Basis finden, die durchs Leben trägt. Die Fragen sollen aus dem Klienten selbst die Antworten hervorlocken, die in seinem Herzen schon bereitliegen, die er aber von sich aus nicht finden kann. Das Fragen des Therapeuten gibt ihm den Mut, seinen inneren Antworten zu trauen.

Eine Frage, die die Kinder immer wieder stellen, ist die nach dem Warum. Manchmal wollen sie damit ihre Eltern dazu bringen, ihre Entscheidungen zurückzunehmen, wenn sie zum Beispiel ins Bett gehen oder Geschirr abtrocknen sollen. Oft ist diese Frage nur ein Vorwand, weil die Kinder dann einfach keine Lust haben, unhinterfragt den „Befehlen" der Eltern zu gehorchen. Aber aus diesem Grund zwingt es die Eltern auch, ihre eigenen Anweisungen infrage zu stellen und sich über den Sinn ihrer Anordnungen klar zu werden. Die Frage nach dem Warum ist aber auch oft genug eine philosophische Frage. Wenn die Eltern erzählen, dass der Nachbar oder die Tante gestorben ist, dann fragen Kinder: Warum ist er gestorben? Warum hat Gott das zugelassen? Warum hat Gott das nicht verhindert? Warum muss der Mensch überhaupt sterben? Dieselbe Frage stellt sich, wenn ein Verbrechen geschehen ist: Warum hat dieser Mann seine Frau umgebracht? Es sind Fragen, die wir kaum beantworten können. Aber indem das Kind nachfragt, führt es uns hin zum unbegreiflichen Geheimnis Gottes, zum unbegreiflichen Geheimnis des Leids und der menschlichen Bosheit.

Auch als Erwachsene sollten wir uns die Fragen stellen, die für unser Menschsein wesentlich sind: Woher kommen wir? Wer sind wir? Wohin gehen wir? Nur wer sich diesen Urfragen menschlichen Lebens stellt, wird bewusst leben. Er wird nicht auf alle eine Antwort wissen, aber indem er sie stellt, wird er sich seines eigenen Wertes und der Abgründigkeit menschlichen Existierens bewusst.

Wir stellen jedoch nicht nur selbst Fragen. Als Menschen sind wir auch infrage gestellt. Gott selbst fragt uns. So zum Beispiel nachzulesen in der Bibel, als Gott Adam oder dem Mörder Kain gegenübertritt. Adam versteckt sich nach dem Sündenfall mit seiner Frau vor Gott, der ihn fragt: „Wo bist du?" (Gen 3,9) und „Wer hat dir gesagt, dass du nackt bist?" (Gen 3,11). Eva stellt Gott die Frage: „Was hast du da getan?" (Gen 3,13). Es sind bohrende Fragen, die uns nicht in Ruhe lassen, die uns mit dem eigenen Gewissen in Berührung bringen. Sie zwingen uns, Gott unsere Wahrheit hinzuhalten anstatt uns zu verstecken. Sie bringen unsere Wahrheit ans Licht. So ist es auch mit der Frage, die Gott dem Kain stellt, nachdem er seinen Bruder erschlagen hat: „Wo ist dein Bruder Abel?" (Gen 4,9). Kain versucht, dem auszuweichen, indem er Gott zurückfragt. Es ist keine wirkliche Frage, sondern eine Rechtfertigung: „Bin ich der Hüter meines Bruders?" (Gen 4,9). Auf die nächste Frage Gottes vermag Kain nicht mehr zu antworten. Er muss sich der Wahrheit stellen, als Gott sagt: „Was hast du getan?" (Gen 4,10). Das konfrontiert Kain mit seiner Schuld. Er kann sie nicht mehr verleugnen oder hinter seinen eigenen Fragen an Gott verstecken.

Aber auch Beten heißt, sich von Gott infrage stellen zu lassen. Ich halte mich im Gebet Gott hin, so wie ich bin. Ich gebe es auf, mich zu rechtfertigen oder mich gar wie der Pharisäer in der Bibel vor Gott aufzublasen und ihm vorzuhalten, wie gerecht ich lebe. Ich lasse mich vielmehr von Gott fragen: „Stimmt das, was du jetzt lebst? Ist das wirklich deine Wahrheit? Oder machst du dir und mir etwas vor? Wonach sehnst du dich? Was möchtest du tun, damit dein Leben stimmig wird?" Jede echte Begegnung beschenkt uns und stellt uns zugleich infrage. Ich kann einem anderen Menschen und auch Gott nur begegnen, wenn ich bereit bin, mich infrage stellen zu lassen. Dann verwandelt mich diese Begegnung.

So führt uns das fragende Kind zu den tiefen Fragen, die wir in unserem Herzen tragen. Aber es führt uns auch in die eigene Wahrheit, weil uns in den Fragen des Kindes letztlich Gott selbst infrage stellt. Er konfrontiert uns mit der zentralen Frage, um die es in unserem Leben eigentlich geht: „Lebst du authentisch? Siehst du deine Wirklichkeit und die Wirklichkeit der Welt so, wie sie ist? Oder machst du dir etwas vor? Stellst du dir die wichtigsten Fragen, damit du in die Wahrheit kommst? Oder möchtest du lieber die Augen verschließen und einfach so dahinleben?" Kinder laden uns mit ihren Fragen ein, unserem Wesen als Fragende und Infrage-Gestellte gerecht zu werden.

Wenn dein Kind dich morgen fragt

Wenn dein Kind dich morgen fragt,
    worauf es dir ankommt,
wenn es fragt nach deinem Gott, deinem
    Glauben, deinem Ziel,
nimm dir Zeit, um gemeinsam die Antwort
    zu finden,
zu entdecken und spüren, was eurem
    Leben dient.

Wenn dein Kind dich morgen fragt, wie
    Glaube gelebt wird,
wie mit Herz und Verstand die Liebe
    sichtbar wird,
nimm dir Zeit, um gemeinsam die Antwort
    zu finden,
zu entdecken und spüren, worauf ein
    Segen liegt.

44

Dann mal mit ihm Bilder der Hoffnung in
    Farben der Sehnsucht
und erzähl ihm Geschichten, die tragen,
    berühren.
Dann sing mit ihm Lieder der Freude vom
    Weg in die Freiheit,
Gottes Weisung vor Augen, ein Leben
    lang.

Wenn dein Kind dich morgen fragt, nach
    deiner Geschichte,
wenn es fragt nach den Wurzeln, der
    Quelle, dem Licht,
nimm dir Zeit, um gemeinsam die Antwort
    zu finden,
zu entdecken und spüren, was eurem
    Leben dient.

Wenn dein Kind dich morgen fragt, was
    ewig Bestand hat,
was auch bleibt, wenn das Leben, das
    Glück einst vergeht,
nimm dir Zeit, um gemeinsam die Antwort
    zu finden,
zu entdecken und spüren, worauf ein
    Segen liegt.

Lass Fragen der Kinder dein Denken
    beflügeln,
erneuert das Leben, die Zukunft der Welt.

46

Das träumende Menschenkind

„Papa, was soll ich heute Nacht träumen?", fragt meine Tochter nach dem Gutenachtgebet, als ich schon am Hinausgehen bin. „Was würdest du denn gerne träumen?", frage ich zurück und bin gespannt, wie ihr Traum denn so aussehen wird. Dann beginnt sie von den schönen Erlebnissen des zurückliegenden Tages zu erzählen und verbindet das mit so manchem Wunschtraum, der wohl nicht in Erfüllung ging.

„Du bist einzigartig, niemand träumt wie du …", schreibe ich in meinem Themenlied für dieses Buch in der zweiten Strophe. Auch in meiner Traumwelt, ja, ich möchte fast sagen: Als Träumender bin ich einzigartig. Meine Tag- und Nachtträume, meine Wunschvorstellungen und Sehnsüchte, eingebettet in eine schier undurchschaubare Welt des Unbewussten, sie sind

47

einzigartig, wertvoll, manchmal sicher auch spannend und merkwürdig zugleich. Da ist es gut, wenn wir uns vor und nach dem Schlafen Zeit nehmen, um uns mit schönen Gedanken, Geschichten und dem Ritual des Gutenacht-gebets buchstäblich auf das Träumen vorzube-reiten.

„Und am Morgen", so höre ich ein Kind erzäh-len, „da schreibe ich dann sofort meine Träume auf und kann dann in aller Ruhe darüber nach-denken, was sie denn wohl bedeuten." Anschei-nend tauchen einzigartige Botschaften nur dann auf, wenn alle anderen Licht- und Geräusch-quellen versiegen und ich ganz bei mir bin.

Kinder träumen nicht nur in der Nacht. Sie hängen auch tagsüber oft ihren Träumen nach, entziehen sich in ihre heile Welt. Sie denken sich in ihren Tagträumen die Welt

48

so aus, wie sie sie gerne haben möchten. „Träum nicht!", sagt man als Eltern manchmal zu den Kindern, wenn sie mit abwesendem Blick am Tisch sitzen. Darin drückt sich dann unsere Besorgnis aus, sie könnten der Wirklichkeit aus dem Weg gehen. Vielleicht vermögen sie die Welt nicht auszuhalten und flüchten daher in ihre Traumwelt.

Im Träumen wird aber auch die Seele aktiv und baut sich eine eigene Welt auf. Das ist eine Leistung des Kindes, wobei es der realen Welt eine andere entgegensetzt. Die Frage ist, welche Welt realistischer ist. Die wirkliche Welt ist oft genug einseitig, das heißt, sie wird bestimmt von den Menschen, die gerade das Sagen haben. Aber das muss nicht unbedingt die Welt sein, in der man selbst leben möchte.

Kinder fürchten sich oft vor der Nacht. Sie haben Angst, sie würden von Bären und Löwen, Monstern oder von bösen Menschen träumen, die sie verfolgen. Daher brauchen sie ein Gutenacht-Ritual, damit sich ihre Angst beruhigen kann. Kinder können nicht immer die Traumwelt ihrer Nacht von der Wirklichkeit unterscheiden. Doch damit zeigen sie, dass auch diese Welt real ist. Als Erwachsene tun wir oft so, als seien Träume nur „Schäume". Wir achten nicht auf sie. Doch die spirituelle Tradition zeigt uns, dass geistliche Menschen das sehr wohl taten. Die Bibel selbst erzählt uns von einigen wichtigen Träumen, in denen Gott zu den Menschen spricht. Wenn Gott im Traum erscheint, zeigt er uns, welche Gefahren auf unserem Weg liegen. Aber er deutet dann oft auch die Wirklichkeit, die wir nur sehr einseitig durch unsere „bewusste Brille" sehen. Die Träume lassen uns den Hintergrund verstehen, auf dem alles geschieht, was wir bewusst erleben.

C. G. Jung ist der Ansicht, dass uns die Träume in Berührung mit dem Unbewussten bringen, das eine Quelle der Lebenserneuerung ist. Wer nur aus dem Bewussten lebt, der lebt einseitig und ist abgeschnitten von der inneren Quelle des Unbewussten, die ihn stärkt und erfrischt. Die Mönche früherer Zeiten lehren uns, auf unsere Träume zu achten. Sie verstehen sie als Gottes vergessene Sprache: Gott will uns im Traum zeigen, wer wir sind, in welchem inneren Zustand wir uns befinden. Oft denken wir, es gehe uns gut, wir seien mit uns im Einklang. Aber dann zeigt uns ein

Traum, dass es in uns chaotisch aussieht. Er offenbart uns die tiefere Wahrheit, die wir im Alltag lieber verdrängen.

Träume zeigen uns jedoch auch die Schritte, die wir tun sollen, damit wir weiterkommen auf unserem inneren Weg. Viele Träume sind Mahnträume, sie zeigen, dass wir einmal genau hinschauen sollten, welchen Gefahren wir gerade ausgesetzt sind, oder dass wir achtsamer mit uns selbst umgehen sollten. Manchmal stellen uns Träume auch eine Aufgabe, die wir dann in der Realität unseres Lebens verwirklichen sollen.

Träume sind zudem oft eine Verheißung, dass Gott an uns handelt, dass er Neues in uns wirkt. Er bedient sich dazu manchmal einer ganz eigenen Sprache, der der Symbole. Wenn wir zum Beispiel einen Traum haben, in dem Kinder vorkommen, dann will im-

mer das ursprüngliche Bild in uns zum Vor-
schein kommen. Träume von Kindern sind
aber manchmal auch eine Mahnung, wenn
wir beispielsweise mit dem Kind, das wir im
Traum auf dem Arm halten, unachtsam umgehen. Es fällt uns vielleicht sogar auf den
Boden und verletzt sich. Dann mahnt uns
das, das ursprüngliche Bild, das Gott sich
von uns gemacht hat, zu bewahren und gut
mit ihm umzugehen.

Manchmal möchte ein solcher Traum uns
sagen, dass wir erst die Bedingungen schaffen müssen, damit das Neue, auf das uns das
Kind verweist, in uns Wirklichkeit werden
kann. Eine Frau träumte beispielsweise von
einer Geburt. Das Kind wurde aus ihr he-
rausgezogen, doch der Kopf blieb stecken.
Der Hals des Kindes wurde immer länger,
aber der Kopf wollte nicht herauskommen.

In einer Meditation wurde ihr klar, dass sich in ihr etwas Neues regte. Sie kam in Berührung mit dem göttlichen Kind in sich, aber sie musste dieses Kind zunächst einmal reflektieren, das heißt sich darüber klar werden, wie sie das Neue nun auch in der Realität leben wollte.

Ein weiterer spannender Aspekt der Träume ist, dass sie oft voller religiöser Symbolik stecken. C. G. Jung meint einmal, im Traum gebe es keine Atheisten. Wenn man zum Beispiel von einer Kugel träumt, dann symbolisiert sie die Ganzheit Gottes und die Einheit mit ihm. Oder man träumt, dass die Kirche umgebaut wird. Das bedeutet: Das eigene religiöse Leben ist im Umbruch. Manchmal wird es aber auch konkreter und wir wissen im Traum, dass das dort neben uns Maria ist oder Jesus. Oder wir hören von oben her ein Wort, das uns Weisung gibt. Wir wissen nicht, woher es kommt, aber wir dürfen darauf vertrauen, dass Gott selbst zu uns spricht.

Als Erwachsene tun wir gut daran, auf unsere Träume zu achten. Sie weisen uns den Weg, den wir in unserem Leben weitergehen sollen. Wer auf seine Träume achtet, der lebt bewusster. Manchmal helfen uns Träume sogar bei Entscheidungen oder sie zeigen uns an Menschen neue Seiten, die wir bisher übersehen haben. Träume bereichern unser Leben und zeigen uns, wie es in unserer Seele aussieht. Wenn wir unsere Träume im Gebet Gott hinhalten, dann wird Gottes Licht bis in die Abgründe unserer Seele dringen und alles erleuchten.

Dann werden wir nicht nur mit dem Willen und dem Verstand glauben. Vielmehr dringt der Glaube bis in die Tiefen unserer Seele vor. Wir wissen auf ihrem Grund, dass uns Gott umgibt, dass sein Segen uns begleitet und dass sein Licht alles Dunkle in uns erhellt, alles Kranke in uns heilt.

Sterne, Blumen und Kinder

Sterne, Blumen und Kinder, diese drei sind
 uns geblieben,
Sterne, Blumen und Kinder, Geschenke
 aus dem Paradies.

Sternenhimmel, Mondgeflüster, Augen, die
 vor Freude funkeln:
Weißt du, wie viel Sternlein stehen am
 weiten Himmelszelt?
Unter deinem großen Zeltdach, lieber
 Gott, bin ich zu Haus:
Himmelsbilder, Lieblingssterne locken
 mich zum Haus heraus.

Blumenwiese, Schmetterlinge spiegeln
    Gottes Fantasie,
duften, blühen, leuchten, tanzen, sprühen
    nur so vor Energie.
Wir pflücken einen Blumenstrauß und
    pflanzen einen Baum,
freuen uns über Sonnenfrüchte,
    Johannisbeeren am Nachbarzaun.

Kinderbettchen, Schmusekissen,
    Lieblingsteddy, Lummerland,
bald schon gehst du erste Schritte, komm,
    wir gehen Hand in Hand.
Lass uns unsre Welt entdecken, auf alles
    Bunte sehen,
mit Engeln, unsern Wegbegleitern, auf
    unsre Lebensreise gehen.

Ich wünsche dir viele gute Freunde, die dir
    oft zur Seite stehen,
mit wachen Augen und offnen Herzen
auf Sterne, Blumen und Kinder sehen;
mit denen du viel lachen kannst und auch
    mal Tränen weinst,
und deine Lebensträume träumst, das
    ganze Leben teilst.

Das staunende Menschenkind

Es ist ein lauer Sommerabend. Wir sitzen mit Freunden auf der Terrasse eines Ferienhauses in Holland. Der Tisch ist schön gedeckt und wir genießen unser Abendessen nach einem heißen Urlaubstag. Plötzlich ruft unser Jüngster in die Runde: „Papa, Himmel!", und zeigt aufgeregt und voller Begeisterung nach oben. „Papa, Himmel!"

Für einen Augenblick sind alle still und all Augen nach oben gerichtet. Der sternenübersäte Nachthimmel zieht uns in seinen Bann. „Schau, da ist der Abendstern!" – „Und da! Der Große Wagen!", mischen sich nun auch die Erwachsenen mit ihrem astronomischen Wissen ein und versuchen, etwas Ordnung in diese geheimnisvolle Sternenwelt zu bringen.

Ich glaube, wir spüren alle, wie wohltuend es ist, in diese Weite des Himmels zu sehen, die uns aus unserer kleinen Welt mit all ihren Alltagsgeschichten herauslockt.
„Papa, Himmel!" – Wie ein kleiner Anfang, der Beginn, das Staunen in diesem Moment neu zu lernen. Und wir tun gut daran, diese Kunst täglich neu zu lernen, ja sie täglich einzuüben.

Kinder können noch staunen. Ich kann mich beispielsweise noch gut daran erinnern, wie ich immer staunend in das Weihnachtszimmer getreten bin. Es war abgeschlossen, bis eine helle Glocke ertönte. Dann durften wir Kinder nach unten und in das Zimmer mit dem Christbaum kommen. Es war nur von den Kerzen des Christbaumes erleuchtet und wir standen mit offenen Mündern davor, wenn der Vater das Weihnachtsevangelium vorlas. Dann sangen wir alle neun gemeinsam das Lied „Stille Nacht". Es war wie ein Wunder. Etwas Geheimnisvolles umgab uns.

Ähnlich ging es uns, wenn wir als Kinder einen Ausflug ins Gebirge machten. Wir staunten über die hohen Berge und die Schneefelder, die noch im Juni die Gipfel bedeckten. Staunen macht Kindsein aus.

Erwachsene sind fasziniert von den Augen der Kinder. Manche junge Ehepaare erzählen mir, dass Weihnachten für sie ganz neu geworden ist, seit sie die staunenden Augen ihrer Kinder gesehen haben. Sie lassen sie noch einmal ganz anders auf das Fest schauen. Die Eltern entdecken in den staunenden Augen ihrer Kinder auch das eigene Staunen wieder, das oft unter der nüchternen Wirklichkeit des Alltags verschüttet ist.

Staunen – so sagt uns der größte griechische Philosoph, Platon, – ist der Anfang aller Philosophie. Das griechische Wort für Staunen heißt *„thaumazein"*. Es bedeutet auch: sich verwundern. Beides hängt mit dem Wunder zusammen. Im Staunen betrachte ich mit neuen Augen das Wunder der Natur, das Wunder eines schönen Gemäldes, die wunderbare Landschaft. Wer staunen kann, rechnet noch mit Wundern. Er nimmt wahr, was Gott uns mit seiner Welt vor Augen führt.

Für den griechischen Philosophen beginnt das Staunen mit der Verwunderung über die eigene Unwissenheit: Ich verstehe nicht, was ich sehe. Ich wundere mich darüber. Und so möchte ich fragen, was es bedeutet. Das Staunen führt zum Fragen und

63

das Fragen zum Erkennen. Es setzt die Vernunft in Gang, dass sie nachdenkt über das Geheimnis der Welt und tiefer in es eindringt. Nach Platon veranlasst das Staunen die Vernunft zu einer Aufwärtsbewegung: Sie steigt über die Dinge und letztlich bis zu den göttlichen Ideen empor. So bringt uns das Staunen in Bewegung. Wir fragen immer weiter, bis wir das, worüber wir uns wundern, auch verstehen.

Menschen, die nicht mehr staunen können, werden langweilig. Sie richten sich ein im Vordergründigen und Verstehbaren. Das Staunen gibt unserem Menschsein Tiefe. So können wir von unseren Kindern lernen, wie das geht. Als Erwachsene bleiben wir nur lebendig, wenn wir mit dem staunenden Kind in uns in Kontakt kommen, wenn das Kind in uns noch zu staunen vermag.

Wir sollten uns also nicht über die offenen Münder unserer Kinder wundern, sondern von ihnen lernen, selbst wieder zu staunen und uns zu verwundern über das Geheimnis des Lebens.

Das deutsche Wort „staunen" kommt ursprünglich aus dem Schweizerischen und bedeutet: träumend vor sich hinstarren. Es hängt mit dem alten deutschen Wort „stauen" zusammen. Stauen bedeutet: „stehen machen, stellen". Wir stauen das Wasser, bringen es zum Stehen. Zu staunen vermag nur der, der stehenbleibt, der innehält, der sich hinstellt und still wird. Der laute Mensch, der immer beschäftigt ist, ist unfähig dazu. Wir müssen den Redefluss hemmen, damit wir still werden, um staunen zu können. Es braucht die innere Stille, damit die Dinge auf uns wirken können. Ein Gemälde, das ich flüchtig anschaue, bleibt mir nicht im Gedächtnis. Wenn ich durch eine wunderschöne Landschaft gehe und mich über die neuesten Ergebnisse der Bundesliga unterhalte, nehme ich das Wunder der Natur gar nicht wahr. Auch auf der Autobahn sind wir so sehr mit dem Verkehr beschäftigt, dass wir die Schönheit der Landschaft nicht wahrnehmen. Dann muss es erst einen Stau geben, damit wir Zeit finden, uns umzusehen. Übertragen könnte das heißen: Die Fahrt unseres Lebens muss erst vom Stau gebremst werden, damit wir wieder fähig werden, zu staunen.

Kinder bleiben vor einer schönen Blume stehen und bestaunen sie. Es gibt genügend Dinge in unserer Welt, die man so betrachten kann, und so viele Wunder, die wir be-wundern können. Zum Beispiel das Wunder, dass wir überhaupt leben, dass wir so sind, wie wir sind. Oder das Wunder der Begegnung, das der Schöpfung; das Wunder der Liebe, der Musik. Überall finden wir Wunder. Sie warten auf uns, dass wir uns staunend vertiefen in das Wunder dieser Welt und das des Lebens, dass wir letztlich staunend stehen bleiben vor Gott, der all diese Wunder geschaffen hat.

67

Staunen lernen

Es geht dir gar nicht gut, mein blauer
    Planet,
ich hör es so oft, wie schlecht's um dich
    steht.
Es geht dir gar nicht gut, mein blauer
    Planet.
Ist Leben am Ende? Ob da noch was geht?
Denn immer mehr Propheten mahnen und
    drohen.

Bilder vom Ende, Zeichen auf Sturm!
Und ich frag mich, was ich tun kann, jetzt
    und hier;
du wartest auf Antwort, Antwort von mir:

Wenn wir wieder staunen lernen,
mit andern Augen sehen,
dann kann die Welt sich weiterdrehen.
Wenn wir wieder staunen lernen,
achtsam weitergehen,
kann im Namen des Lebens
Leben weitergehen.

Wir denken viel zu viel an den Augenblick,
vergessen das Morgen, der anderen Glück.
Wir wollen dich besitzen ohne Rücksicht,
    Respekt,
Gewinne erzielen scheint alles, was zählt.
Doch glaub ich an das Leben, Schluss mit
    dem Wahn!
Ehrfurcht dem Leben, der letzte Plan!
Und ich frag mich, was ich tun kann, jetzt
    und hier,
beginne zu staunen, will leben mit dir.

Nur wenn wir alle aufstehen und endlich
    Wege gehen,
die in die Zukunft führen, das Wunder tief
    in uns spüren,
dass diese Welt für dich und auch für mich
einfach zum Staunen ist.

Das schöne Menschenkind

Es war unmittelbar nach einem meiner Kinderkonzerte. Die kleinen und großen Sänger waren begeistert dabei und sangen und tanzten kräftig mit. Am Ende fühlte auch ich mich ziemlich erschöpft und müde und wollte die Bühne in Richtung Ausgang verlassen, als sich mir ein kleines, eher schüchtern wirkendes Mädchen in den Weg stellte. Mit großen Augen schaute sie mich an. „Du bist schön!", sagte sie mit leiser und unnachahmlicher Stimme. Mir verschlug es die Sprache. Etwas abgekämpft und müde frage ich dann doch: „Meinst du mich?" „Du bist schön!", wiederholt sie. Verdutzt bedanke ich mich bei ihr und versichere ihr, dass sie „wunderwunderschön" sei und signierte ihr eine Autogrammkarte mit den Worten: „Für den kleinen Engel".

71

Erst auf der Heimfahrt überlege ich, ob das Lied „Einfach genial", das wir gesungen hatten, sie ermuntert hat, einem anderen Menschen etwas Liebes, Wertschätzendes zu sagen. Vielleicht.

Ich frage mich, ob wir uns nicht viel zu selten diese schönen und stärkenden Worte sagen. Erinnern wir uns doch öfters daran, wie schön wir aussehen, wie wunderbar es ist, dass wir uns haben, uns erleben, gemeinsam etwas erleben. Meist fallen uns die negativen Seiten am anderen mehr auf als die positiven. Nicht nur Kinder wollen gelobt, anerkannt und wertgeschätzt werden. Auch das Kind in uns sehnt sich nach diesem Ritual des Würdigens, des Lobens, des Ja-Sagens: Ja, es ist schön, dass es dich gibt. Du bist schön. Und ich denke wieder an die Worte dieses kleinen Engels nach dem Konzert.

Jedes Kind ist schön, auch wenn es nicht immer äußerlich auffallende Schönheit vorzuweisen vermag. Kinder sind schön, weil sie mit sich im Einklang sind, weil sie sich nicht in ein Modeschema pressen müssen und pressen lassen. Sie sind einfach so, wie sie sind. Wenn Kinder lachen, kommt ihre Schönheit zum Ausdruck. Dann vergeht auch uns Erwachsenen das Urteilen darüber, ob dieses Kind jetzt schöner ist als das andere.

Was für Kinder gilt, das gilt für jeden Menschen: Jeder Mensch ist schön, wenn er im Einklang mit sich selbst ist. Viele Menschen sind jedoch todunglücklich, weil sie einem bestimmten Schönheitsideal nacheifern und ihm nicht entsprechen. Sie meinen, um schön zu sein müssten sie eine bestimmte Figur und ein bestimmtes Gesicht haben, natürlich beides ganz ohne Falten. Aber was in den Medien als Schönheit gepriesen wird, ist oft eine leblose Maske, die zwar oberflächlich betrachtet gut aussieht, aber in sich leer ist. Das Kind in uns will uns vom Terror eines Schönheitsideals befreien und uns an die Schönheit erinnern, die in uns ist. Wir brauchen uns nicht mit anderen zu vergleichen. Unsere Aufgabe ist es vielmehr, in Einklang mit uns zu kommen, gerne in unserem Leib zu wohnen und ihn und uns gern zu haben. Dann strahlen wir auch Schönheit aus.

Platon ist der Ansicht, dass die Schönheit ein Attribut des Seins ist. Alles Seiende ist immer zugleich wahr, gut und schön. Es gibt nichts Seiendes, das hässlich ist. Das griechische Wort für das „Hässliche", *„aoros"*,

heißt übersetzt eigentlich „unzeitgemäß".
„Hora" ist die Stunde, *„aoros"* also „aus der
Stunde": Das, was nicht in der Stunde ist,
ist nicht nur unzeitgemäß, sondern auch
hässlich. Was ganz im Augenblick ist, das
ist auch schön. Diese vielleicht zunächst
fremde Sichtweise ist für mich durchaus
aktuell, denn wenn ich mich mit meinem
Alter ausgesöhnt habe, wenn ich in meinem
Leib der Zeit entsprechend lebe, die ich
hinter mir habe, dann bin ich schön. Wenn
ich jedoch im Alter wie ein Jugendlicher
aussehen möchte, ist das gegen die Zeit. Es
ist hässlich. Die alten Menschen, die sich
durch Schönheitsoperationen den Anschein
des Jungen geben, spiegeln keine wirkliche
Schönheit. Sie haben oft genug ein leeres
Gesicht. Ein altes Gesicht voller Falten,
dem man das Einverständnis mit seinem

Alter ansieht, ist dagegen schön. Das Kind hat eine eigene Schönheit, der Jugendliche, die junge Frau, der alte Mann, die weise Frau – sie alle spiegeln sie wider, wenn sie authentisch sind, mit sich im Einklang, im Einklang mit der Zeit, in der sie leben.

Menschen, die ängstlich um ihre eigene Schönheit kreisen, leiden oft an mangelndem Selbstwertgefühl. Sie haben den Eindruck, nur dann geliebt zu werden, wenn sie einem bestimmten Ideal entsprechen. Sie vergleichen sich mit anderen Männern oder Frauen und fühlen sich weniger schön und somit weniger liebenswert. Ein Beispiel: Eine Frau wollte ihrem Mann zuliebe eine Schönheitsoperation über sich ergehen lassen. Sie dachte, dass er sie dann wieder mehr lieben würde. Als sie jedoch die Verbände abgenommen hatte und die Narben verheilt waren, verließ sie ihr Mann. Wenn ich mich zu sehr den Erwartungen anderer anpasse, verliere ich meine eigene Schönheit. Ich versuche, in den Augen anderer schön zu sein, und vergesse, dass ich in meiner Einmaligkeit meine eigene Schönheit habe.

Wenn ich nun also einem schönen Kind begegne, das ich bestaune, will es mir sagen: „Du bist selbst schön. Trau deiner Schönheit. Du musst dich nicht nach den Erwartungen anderer richten. Sei so, wie du bist, dann bist du auch schön. Und wenn deine Schönheit irgendjemandem nicht gefällt, ist das seine Sache. Du musst nicht allen nachlaufen. Du bist in Gottes Augen schön und du bist in dir schön, wenn du einfach bist. Denn das Sein ist immer auch schön.

Wenn du also einfach bist, dann bist du auch schön."

Einfach genial

Einfach genial, dass es dich gibt,
einfach genial, dass Gott dich liebt,
einfach genial, dass du unendlich wertvoll
    bist.
Einfach genial, dass es dich gibt,
einfach genial, dass Gott dich liebt,
einfach genial, dass unser Gott dich nie
    vergisst.

Dich gibt's nur einmal auf dieser Erde
mit deinen Augen und deinem Mund,
mit deinem Schmollen und deinem Lachen,
die Klamotten kunterbunt.
Deine Hobbys und Idee hast ganz alleine
    du,
es ist genial, dass du heut mitsingst,
komm, steh auf und klatsch dazu.

79

Deine Stärken und deine Schwächen
sind dir allein bekannt
und doch ist immer jemand bei dir,
der nimmt dich an die Hand.
Er will dir Mut und Freude geben
an jedem neuen Tag,
das Leben zu entdecken,
weil er uns so viel gab.

Das Leben ist voll Abenteuer,
es geht mal auf und auch mal ab,
doch mit Freunden an der Seite
wird Hilfe niemals knapp.
Bist du enttäuscht oder auch verärgert
und hast zu gar nichts Lust,
Erinner dich, dass du genial bist,
dann vergeht dir bald dein Frust.

80

Das unterdrückte Menschenkind

Beim Einkauf in einem Supermarkt fällt mir eine junge Frau auf, die mit ihrem etwa vierjährigen Kind sichtlich müde an der Kasse steht. Weil das Kind immer ungeduldiger wird, unruhig hin und her hüpft und nach den verlockenden Angeboten greift, verliert die Mutter die Geduld: „Geh endlich zur Seite! Du stehst im Weg!", ruft sie sichtlich genervt. „Du stehst immer im Weg!", schimpft sie weiter.

Ich fühle mich ohnmächtig und hilflos, weil mir dieses vernichtende Urteil über das Leben eines Kindes, das hier gefällt wird, wehtut. Was richtet so ein Satz wie „Du stehst immer im Weg!" in einer Kinderseele an? Wie wird ein Kind mit diesem negativen Lebensmotto umgehen können? Und ich frage mich, ob ich auch meinen Kindern im Alltagstrubel derartige Dinge an

81

*den Kopf geworfen habe, die sie unterdrückt,
verletzt und kleingemacht haben ...*

Ich spreche mit vielen Erwachsenen, die
nie wirklich Kind sein durften. Sie mussten
sich schon damals um die kranke Mutter
kümmern oder den Vater ersetzen, der bei
einem Unfall ums Leben kam. Das führte
dazu, dass das Kind in ihnen unterdrückt
wurde. Wenn sie dann erwachsen geworden
sind, trauern sie ihrer ungelebten Kindheit
nach. Sie durften nie Kind sein, das spüren
sie als Erwachsene schmerzlich. Man hat sie
um das Geschenk der Kindheit gebracht.
Viele von diesen Menschen haben verlernt,
mit ihrem inneren Kind in Berührung zu
kommen. Sie mussten schon früh Verant-
wortung übernehmen. Das hatte durchaus
auch gute Seiten, denn sie haben ihr Le-

ben in die Hand genommen. Aber als Erwachsene spüren sie ihre Bedürftigkeit. Da meldet sich das Kind in ihnen zu Wort. Es möchte in den Arm genommen und gestreichelt werden, denn es fühlt sich damit überfordert, für alles und jeden verantwortlich zu sein.

Kinder werden aber auch noch auf andere Weise unterdrückt. Manche durften in ihrer Kindheit nicht so sein, wie sie es in sich gespürt haben. Sie wurden in ein Schema gepresst, mussten sich anpassen und brav sein. Alle eigenen Impulse wurden unterdrückt. John Bradshaw, der amerikanische Psychologe, meint, das Kind habe ein Gefühl für seine Einzigartigkeit und Einmaligkeit. Es kann noch sagen: „Ich bin ich." Für Bradshaw ist das Ausdruck von Spiritualität, denn auch Gott hat sich im Alten Testament geoffenbart als der „Ich bin ich". Wenn nun Kinder in ihrer Einmaligkeit nicht ernst genommen wurden, dann ist dies nach Ansicht von Bradshaw die tiefste Verletzung, die ein Kind erleben kann, nämlich eine spirituelle Verletzung. Er stellt fest: „Die spirituelle Verletzung ist mehr als alles andere dafür verantwortlich zu machen, wenn aus uns unselbständige, schamerfüllte erwachsene Kinder werden. Die Geschichte des Niedergangs eines jeden Mannes und einer jeden Frau handelt davon, dass ein wunderbares, wertvolles, besonderes und kostbares Kind sein Gefühl für das ‚Ich bin, wer ich bin' verloren hat" (Bradshaw, Das Kind in uns, 66). Mir erzählte ein Mann, dass er manchmal Ausbrüche von Jähzorn habe. Als ich ihn nach dem ersten Auftreten dieser Anfälle fragte, fiel

84

ihm folgende Situation ein: Er sammelte als Kind mit großer Hingabe besondere Steine. Anschließend reinigte er sie mit einer Zahnbürste und schmückte damit seinen Schreibtisch. Als er mit neun Jahren eines Tages von der Schule nach Hause kam, waren die Steine verschwunden. Die Mutter hatte sie in die Mülltonne geworfen. Da reagierte dieser bisher so brave und angepasste Junge voller Jähzorn. Im Gespräch wurde ihm klar, dass er mit seinem Jähzorn seiner Mutter vermitteln wollte: „Trample doch nicht so auf meinen Gefühlen herum!" Es gibt viele Kinder, auf deren Gefühlen herumgetrampelt wird. Sie passen sich dann an, um den Schmerz nicht mehr zu spüren. Aber letztlich wird das innere Kind in ihnen unterdrückt. Es darf nicht leben mit seinen eigenen Gefühlen und in seiner Einzigartigkeit.

85

Viele Erwachsene unterdrücken das Kind in sich, sowohl das verletzte als auch das göttliche. Sie wollen nur erwachsen sein. Doch das verletzte Kind lässt sich nicht so einfach unterdrücken. Es wird sich immer wieder zu Wort melden und auch andere verletzen, selbst wenn der Erwachsene das gar nicht will. Das verletzte Kind äußert sich „mit seinem unersättlichen Hunger nach Liebe, Beachtung und Zuneigung" (Bradshaw, Das Kind in uns, 31). Oder aber es meldet sich zu Wort mit einem tiefen Misstrauen allem und jedem gegenüber. Um das zu überwinden, will es seine Gefühle und die Menschen um sich herum kontrollieren, das heißt: Um das verletzte Kind in uns nicht zu spüren, kümmern wir uns um andere Menschen. Aber irgendwann geht uns dann schmerzlich auf, dass sich niemand um uns

86

selbst kümmert. Dann schreit das verletzte und unterdrückte Kind in uns auf. Es will ans Licht. Es will uns einladen, all das, was in unserem Leben unterdrückt worden ist, anzuschauen und es behutsam zum Leben zu führen. Wir können das Unterdrückte nicht auf einmal nachholen. Dann würden wir jedes Maß sprengen. Aber wenn wir es nach und nach emporheben, können wir es zunächst einmal anschauen. Vielleicht entdecken wir unter dem unterdrückten Kind das göttliche Kind in uns und spüren, wie neue Lebendigkeit in uns aufblüht.

Erwachsene, die ihr inneres Kind unterdrücken, sind oft humorlos. Sie nehmen sich selbst sehr wichtig und haben den Eindruck, dass sie ständig von anderen gebraucht werden und eine wichtige Aufgabe zu erledigen haben. Doch wer sein inneres Kind unterdrückt, hat seine Kreativität und Fantasie verloren. Wenn dann aus solchen Männern Väter werden, können sie oft nichts mit ihrem Kind anfangen und überlassen die Erziehung der Mutter. Gerade in den eigenen Kindern liegt aber eine Chance, mit seinem inneren Kind wieder in Berührung zu kommen.

Manchmal, wenn ich traurig bin

Manchmal, wenn ich traurig bin,
hohe Mauern um mich stehen,
die Sonne lässt sich gar nicht sehen,
Tränen im Gesicht.

Manchmal, wenn ich einsam bin,
weit und breit kein Freund zu sehen,
niemand, der mich treffen will,
alles scheint so leer.

Dann brauch ich einen, der mir zuhört,
mich versteht und mit mir geht,
dann brauch ich einen Menschen,
der so ist wie du.

Dann brauch ich dich, nur dich,
denn du weißt wie ich mich fühl,

hörst mir zu, hast für mich Zeit.
Dann brauch ich dich, nur dich,
du bedeutest mir so viel:
Zeit für uns allein, zu zweit.

Manchmal, wenn ich wütend bin,
die Tür fast aus dem Rahmen bricht,
Ärger, der mich beben lässt,
alles schreit in mir.

Manchmal, wenn ich mutlos bin,
keine Kraft mehr übrig ist,
niemand, der mich stützen kann,
wohin soll ich gehen?
Dann brauch ich einen, der mir zuhört,
mich versteht und mit mir geht,
dann brauch ich einen Menschen,
der so ist wie du.

Das schwache Menschenkind

Wir feierten mit christlichen und muslimischen Schülern in Irans Hauptstadt Teheran. Schüler und Lehrer waren gemeinsam in der Schulturnhalle und ließen sich auf das Liederangebot ein, das mehr ethische als religiös-theologische Themen aufgreifen, also keine unerlaubte christliche Verkündigung im muslimischen Gottesstaat beinhalten sollte. Ohne Vorbehalte und Berührungsängste sangen, ja tanzten die jüngeren wie auch älteren Schüler mit, sogar die Lehrer genossen die Lebensfreude in den Liedern.

Bis auf einen kräftigen, etwa zwölfjährigen Jungen, der eher abwesend wirkte und das Mitsingen lange verweigerte. Dies änderte sich, als wir das Lied sangen: „Ja, heut' ist voll mein Tag, du, mit deiner Hilfe bin ich stark!" Ich setzte ganz bewusst ein „Du" ein, obwohl eigentlich

91

„Gott" im Liedtext steht, um das freundschaftliche Helfen und Unterstützen in den Mittelpunkt zu rücken. Da nahm dieser Junge seinen Freund auf den Arm, hielt ihn beinahe wie ein kleines Kind und wollte ihn gar nicht mehr loslassen: „Ich halte dich! Gemeinsam sind wir stark!" Der Junge hat es verstanden, dachte ich mir, und war gerührt von dieser absolut überraschenden Reaktion. Das Lied hatte diesen Jungen dafür geöffnet, seine eigene Stärke für einen anderen einzusetzen, ihn zu tragen, zu halten.

Kinder erlauben es sich, schwach zu sein. Sie stehen dazu, dass sie Kinder sind und müssen nicht immer den Starken spielen. Sie dürfen weinen, wenn sie sich wehgetan haben oder sie etwas traurig macht. Sie genießen sogar manchmal das eigene Schwachsein, denn dann können sie sich

beispielsweise an ihren starken Vater anlehnen. In der Nähe des Vaters kommen
sie mit ihrer eigenen Stärke in Berührung.
Wenn sie sich schwach fühlen und weinen,
nehmen sie gerne bei der Mutter Zuflucht.
In ihrem Schoß sind sie einverstanden mit
ihrer Schwäche, weil sie sie aufbricht für
die Liebe der Mutter, in der sie sich gerne
bergen. Kinder müssen Schwäche nicht
verbergen, sie dürfen sie offen zeigen. Sie
bringt sie dem Vater und der Mutter näher.
So wandelt sich ihre Schwäche in den liebenden Armen der Mutter in Geborgenheit
und in der Nähe des starken Vaters in Kraft
und Stärke.

Auch als Erwachsene sehnen wir uns nach
väterlichen Männern, an die wir uns anlehnen können, oder nach mütterlichen

93

Frauen, die uns das Gefühl geben: Es ist gut so, wie es ist. Es darf so sein. Du darfst auch mal schwach und bedürftig sein. Als mein Vater starb, ist mir deutlich geworden, dass ich mich nun nicht mehr an ihn anlehnen kann. Und als meine Mutter starb, ging mir auf, was es für mich bedeutet, sie nicht mehr anrufen zu können, wenn es mir nicht so gut geht. Ähnlich ging es mir beim Tod von einigen Mitbrüdern, die für mich eine väterliche Ausstrahlung hatten. Allein ihre Existenz gab uns Jüngeren Halt und Sicherheit. Nach ihrem Tod machte ich mir klar, dass ich jetzt den Halt in mir selbst finden musste beziehungsweise in Gott, und dass ich für jüngere Mitbrüder vielleicht auch Vater sein sollte, an den sie sich anlehnen könnten und der ihnen Zuversicht vermittelte.

94

Ich erlebe erwachsene Menschen, die sich immer noch nach einem zustimmenden Wort ihres Vaters sehnen oder nach der Bestätigung durch ihre Mutter, dass sie von ihr besonders geliebt sind. Eine sechzigjährige Frau erzählte mir zum Beispiel, dass sie in einer langen Therapie ihre schwierige Beziehung zu ihrer Mutter aufgearbeitet habe. Nun fuhr sie mit ihr in Urlaub. Sie dachte, nach der Therapie würde es sicher gutgehen. Aber sie kam tief enttäuscht zurück. Als ich fragte, was sie während des Urlaubs so verletzt hätte, meinte sie, sie habe gedacht, dass die Mutter ihr doch noch einmal sage: „Du bist meine Lieblingstochter. Ich liebe dich." Ich sagte ihr: „Das können Sie von Ihrer sechsundachtzigjährigen Mutter nicht mehr erwarten. Sie müssen sich selbst dieses mütterliche Wort sagen. Sie müssen

95

die kleine Tochter, die sich nach Zuwendung sehnt, selbst lieben und sie in Ihren Arm nehmen, ihr sagen: ‚Ich liebe dich. Ich bleibe bei dir. Ich bin gerne bei dir.'"

Wir sind als Erwachsene nicht nur das schwache Kind. Wir sind auch der Vater oder die Mutter, die es in den Arm nehmen und ihm Zuwendung und Geborgenheit schenken. Aber das schwache Kind erlaubt es uns Erwachsenen auch, dass wir uns manchmal schwach fühlen. Dann sollten wir selbst väterlich oder mütterlich mit ihm umgehen oder aber uns eingestehen, dass wir einen anderen Menschen brauchen, um mit ihm zu reden. Eine Frau erzählte mir: „Die anderen halten mich immer für stark, weil ich ständig anderen gebe. Aber wenn ich mal schwach bin, hat niemand Zeit für mich." Sie dachte, die anderen würden es von alleine merken, dass sie schwach ist. Vom schwachen Kind in uns sollten wir lernen, unsere Schwäche auch offen zu zeigen, uns in unserer Schwäche einem anderen zuzumuten, ja einen anderen zu bitten, für uns Zeit zu haben und uns in den Arm zu nehmen.

Ja, heut ist voll mein Tag

Ja, heut ist voll mein Tag, Gott, mit deiner
    Hilfe bin ich stark.

Lass ich mich mal hängen und habe Frust,
hab auf nichts und niemand heute Lust,
gibt es jemand, der mich in der Ecke sieht,
der sich zu mir setzt und mir Vertrauen
    gibt.

Bin ich mal verärgert, hab Wut im Bauch,
lasse meinen ganzen Ärger raus,
gibt es jemand, der mir seine Hände reicht,
auch im Ärger nicht von meiner Seite
    weicht.

Lieg ich mal am Boden, komm nicht mehr
    auf,
weiß in meinem Leben weder ein noch aus,
gibt es jemand, der mich auf die Beine
    stellt,
der mir Mut zuflüstert, immer zu mir hält.

Das zweifelnde Menschenkind

Wie oft ich sie wohl schon geklebt habe, diese kleine bemalte Porzellankachel aus Jerusalem? Ich habe aus reiner Verzweiflung nicht mitgezählt. Ich weiß nur, dass es ständig zerbricht, mein Souvenir aus dem Heiligen Land mit der Aufschrift: „Shalom", „Friede".

Zwar hat die Kachel den Flug im Handgepäck gut überstanden, doch schon beim Umzug ging sie ein erstes Mal zu Bruch. Mit Sekundenkleber zusammengeflickt hielt sie dann wieder eine Weile und hing erneut am Hauseingang. Bis ein heftiger Windstoß sie erneut auf den Boden knallte. Ich klebte sie wieder und hoffte auf eine längere „Friedenszeit". Nun liegt sie wieder einmal auf meinem Schreibtisch zum Kleben …

So wie meine Kachel scheint auch der Friede selbst sehr zerbrechlich zu sein: Ich denke an den

100

Unfrieden, den schon Kinder im Kindergarten, in der Schule, im Freundeskreis oder in der Familie erleben und der so manche Narbe hinterlässt. Oftmals geht der Friede zu Bruch und ich kann mich nur immer wieder daran machen, allem Zweifel zum Trotz den Frieden zu „reparieren". Und auch dafür zu beten: Für den Frieden im Heiligen Land, zwischen den Völkern und Religionen bis hin zum Frieden bei mir und um mich herum. Denn letzten Endes ist der Friede ein Geschenk, das ich dankbar, aber auch vorsichtig in Händen halten darf, wie meine Porzellankachel: „Schalom".

In den ersten Jahren vertraut das Kind den Eltern, allen ihren Worten und Antworten. Es erlebt seine Eltern als Hort der Sicherheit. Die Eltern können alles. Sie werden fast vergöttert. Doch irgendwann kommt das Kind in ein Alter, in dem es zu zweifeln beginnt. Es zweifelt beispielsweise die Antworten des Vaters an. Das zeigt sich nicht in der Ablehnung, sondern in der erneuten Frage nach dem Warum: Warum ist das so? Und wenn der Vater es geduldig erklärt hat, folgt erneut die Frage: Warum? So leicht lässt sich das Kind nicht abspeisen.

Es ist gut, wenn Kinder ihre Zweifel äußern, wenn sie nicht alles für bare Münze nehmen, was andere ihnen sagen. Der Zweifel ist Ausdruck ihres kritischen Verstandes. Der Verstand braucht Gründe, die er verstehen kann. Wenn er etwas nicht versteht, zweifelt er. Aber das Kind zweifelt nicht nur an den Antworten der Eltern, sondern auch an ihrer Unfehlbarkeit und Macht. Es erfährt, dass die Eltern auch nur begrenzt sind, dass sie Fehler machen, ungerecht sind. Solche

Erfahrungen nähren ihren Zweifel. Diese nicht zu unterdrücken, sondern aufzugreifen, ist für Kinder hilfreich. Die Zweifel an der Göttlichkeit der Eltern sind eine Einladung, über die Eltern hinauszusehen und Gott als den eigentlichen Grund des Lebens zu erkennen.

Schaut man einmal auf die ursprüngliche Wortbedeutung von „Zweifel", so stellt sich heraus, dass es zusammengesetzt ist aus der Zahl Zwei und dem Wort „falten". Ich kann also „zweifach falten", es gibt zwei Möglichkeiten. Zweifel drückt die Unsicherheit und Ungewissheit aus angesichts zweier Möglichkeiten, zweier Antworten, zweier Lösungen. Der Zweifel gehört zum Glauben. Manche klagen sich an, wenn sie Glaubenszweifel haben, doch der Zweifel hat die Aufgabe, weiter zu fragen und uns davor zu bewahren, dass wir unsere Projektionen, die wir auf Gott gerichtet haben, mit Gott verwechseln. Der Zweifel klärt unseren Glauben. Er lässt uns immer wieder fragen: Was heißt es wirklich, dass Gott Mensch geworden ist, dass Christus von den Toten auferstanden ist, dass er uns das ewige Leben schenkt? Indem wir an unseren Antworten zweifeln, fragen wir weiter, versuchen wir, das Unbegreifliche zu verstehen und ihm näherzukommen. Der Zweifel behütet uns davor, dass wir auf dem Glaubensweg stehen bleiben und meinen, wir würden Gott mit unseren Begriffen besitzen und wüssten genau über ihn Bescheid.

Zweifel gehören auch zu einer Freundschaft und Partnerschaft. Im Gespräch klagen sich manchmal Ehepaare an, dass sie am andern, an seiner Treue, an seiner Liebe zweifeln. Und sie erinnern sich dann, dass sie schon in der Verlobungszeit manchmal am Partner gezweifelt haben. Wenn eine Ehe in eine Krise gerät, erinnern sich viele an diese Zweifel und meinen, das würde zeigen, dass die Ehe nicht stimmig ist. Doch Zweifel gehören zu jeder Partnerschaft. Wenn ich daran zweifle, dass ich mit diesem Freund oder dieser Freundin mein Leben auf Dauer teilen kann, zwingt mich dieser Zweifel dazu, genauer hinzuschauen: Was fasziniert mich am anderen? Was lässt mich zweifeln? Wovor habe ich Angst? Habe ich Angst, dass er sich anders entwickeln könnte, dass er mir untreu wird, dass seine Liebe nur ein

105

Strohfeuer ist, dass er nur seine Einsamkeit durch mich vertreiben möchte? All diese Zweifel kommen in uns hoch. Sie wollen angeschaut werden. Sie führen dazu, dass wir unsere idealisierenden Bilder vom anderen loslassen und ihn realistisch sehen. Lieben heißt: den andern so lieben, wie er ist. Niemand ist perfekt.

Natürlich muss ich, wenn in mir Zweifel aufkommen, auch danach fragen, ob wir wirklich zueinander passen. Will der Zweifel mich warnen, mich an den anderen zu binden? Oder will er mich nur einladen, meine Bilder vom anderen zu lassen und ihn so zu lieben, wie er ist? Zweifel lassen sich nicht logisch auflösen. Sie kommen immer wieder hoch. Sie wollen uns mehr und mehr vom Kopf aus in tiefere Schichten unserer Seele führen. Viele sprechen vom

Bauchgefühl. Im Bauch wissen wir oft, was für uns gut ist. Der Zweifel fordert uns auf, mehr unserem Bauchgefühl zu vertrauen.

Zum Zweifel gehört aber nicht nur der an Gott, an der Redlichkeit der Menschen oder am Sinn des Lebens. Dazu gehört auch die Verzweiflung. Wer verzweifelt ist, sieht überhaupt keine Möglichkeit mehr für sich. Ihm scheint alles aussichtslos. Er ist verzweifelt in sich selbst und hat für sich alle Hoffnung verloren. Nach einem Wort von Friedrich Nietzsche sollten wir unsere Verzweiflung nicht verdrängen. Sie gehört zu unserem Menschsein. Wir sollten darin aber nicht untergehen, sondern sie mit unserer Sehnsucht verbinden. Dann – so meint Nietzsche – entstehe Mystik. Die Verzweiflung wird so zum „Sprungbrett" in den unbegreiflichen Gott, nach dem wir uns in der Tiefe unseres Herzens sehnen.

Zweifelnde Kinder machen uns manchmal ungeduldig. Die Ungeduld zeigt uns, dass wir dieses zweifelnde Kind in uns nicht anschauen wollen. Wir wollen es stillstellen. Doch es wird sich immer wieder zu Wort melden. Es will beachtet werden, denn es bewahrt uns davor, unser Bauchgefühl zu überspringen und uns rein rationalen Argumenten zu beugen. Wenn wir nur auf unseren Kopf hören, führt uns das oft genug in eine Sackgasse. Der Zweifel will uns in Berührung bringen mit den Tiefen unserer Seele, mit unserem Unbewussten. Dort, auf dem Grund unserer Seele soll sich eine Antwort auf unsere tiefsten Fragen bilden. Dieser Antwort dürfen wir trauen.

Ich wünsche dir Shalom

Was du dir wünschst, wovon du träumst,
wonach dein Herz sich sehnt,
das möge dir auf deinem Weg
zur rechten Zeit geschehen.
Worauf du baust, wem du vertraust
und deine Liebe schenkst,
zu jeder Zeit, an jedem Ort
soll Friede mit dir sein:
Shalom, Shalom, ich wünsche dir Shalom.

Verlass dich stets auf diese Macht,
dann wird sie dir geschenkt.
Sie hüllt dich ein, will um dich sein
bei Tag und in der Nacht.
Geh voller Mut auf deinem Weg
hinein in weites Land,
hab nur Vertrauen, gib Frieden Raum

109

und reich ihm deine Hand.
Shalom, Shalom, ich wünsche dir Shalom.

110

Das lernende Menschenkind

Der erste ökumenische Kirchentag hatte eigens für Kinder und Familien in Berlin Mitte ein riesiges Spiele- und Bühnenzentrum aufgebaut. In großen Buchstaben konnte man dort lesen: „Willkommen im Abenteuer Segensland!" Kinder aus vielen Ländern sangen, tanzten und spielten mit ihren Familien dort zusammen und spürten hautnah das Abenteuer unseres Lebens, das Gott segnet, wie schon damals Abraham, Isaak und Jakob.

Wenige Jahre später erlebte ich bei einer meiner Reisen – es war in den arabischen Emiraten zwischen Dubai und Abu Dabi – etwas von dieser „Abenteuer-Segensland-Luft", inmitten einer wunderschönen Oase, umgeben von Wüste und karger felsiger Landschaft. Hier kam ich mit Kindern einer arabischen Großfamilie ins Ge-

111

spräch und es dauerte nicht lange, da wurde ich eingeladen, mit den Jungen und Männern auf einer riesigen Picknickdecke Platz zu nehmen. Neugierig und interessiert „beschnupperten" wir uns, aßen und tranken, lachten und diskutierten über Glaubensfragen, die uns „Wüstenkindern" eben so in den Sinn kamen. Wir redeten über Gott und seine Welt, begannen bei Adam und Eva, erzählten von Abraham, Ismael und Jakob und stellten fest, dass wir doch eigentlich Glaubensverwandte sind. Wir schüttelten die Köpfe, als wir auf Vorurteile und Feindschaften, ja Kriege zu sprechen kamen, die Völker und Religionen leider allzu oft trennen, und träumten vom echten Frieden auf der Erde.

Wenn wir doch mehr mit sogenannten „Fremden" zusammensitzen, essen und trinken, reden, diskutieren und lachen würden! Was und vor allem wie viel könnten wir voneinander lernen!

112

Ich selbst habe an diesem Tag jedenfalls unendlich viel gelernt, inmitten dieser Wüstenoase, mitten im „Abenteuer Segensland".

Kinder lernen gerne. Sie wollen wissend werden, ihr Wissen erweitern. Sie lernen einerseits durch Fragen, aber auch, indem sie die Welt selbst erkunden. Sie schauen die Dinge an, bis ins kleinste Detail. Manchmal geht dabei das Spielzeug sogar kaputt, weil sie genau wissen wollen, wie es zusammengesetzt ist und was man damit alles machen kann. Kinder lernen auch durch Beobachtung, das heißt, sie schauen sehr genau zu, was ihre Eltern und die Menschen, denen sie begegnen, so tun. Sie beobachten auch die Natur, die Tiere, die Pflanzen. Sie sind wissbegierig und wollen sehen, wie alles aufgebaut ist und wie es zusammenhängt.

113

Lernen heißt eigentlich: einer Spur nach-
spüren. Kinder machen sich auf den Weg,
um den Spuren des Lebens nachzuspüren,
um das Wissen anderer Menschen kennenzulernen. Ich kann mich an die Zeit in der
Volksschule erinnern. Da war ich an allem
interessiert. Ich fand es spannend, von den
Lehrern etwas zu lernen und wollte auch
alles lernen. Ich habe vieles ausprobiert:
einen Fischteich gebaut, eine Bank zusam-
mengebastelt. Vieles ist mir nicht so gelungen, aber im Tun habe ich gelernt. Am
Gymnasium hat das Lernen dann einen anderen Charakter bekommen. Jetzt musste
ich jeden Nachmittag Vokabeln in Latein
und Griechisch büffeln, mathematische
Aufgaben lösen und viel Stoff in Erdkunde,
Biologie und Geschichte verinnerlichen.
Noch heute bin ich meinen Lehrern dank-

bar, dass sie mir nicht nur Wissen vermittelt haben, sondern dass sie mich gelehrt haben, wie man lernt. Ich erlebe es oft in der Begleitung von Studenten: Sie lernen unvernünftig. Sie glauben, etwas verstanden zu haben, wenn sie einmal zehn Stunden am Stück etwas gelernt haben. Aber Lernen braucht einen guten Rhythmus und ein gutes Gespür für die eigene Fassungskraft.

Ich habe mir meinen Lernstoff damals genau eingeteilt und mit der Zeit einen guten Rhythmus gefunden: Zuerst habe ich die Vokabel gelernt, denn dazu brauchte ich die höchste Konzentration. Dann habe ich zur Abwechslung die schriftlichen Arbeiten gemacht. Das war kreativer und nahm meine Aufmerksamkeit von selbst in Beschlag. Danach lernte ich dann die für mich leichteren Fächer wie Geschichte und Erd-

115

kunde. Diese Abwechslung war der Grund, warum mir das Lernen nie verleidet war. So hatte ich bei aller Pflicht doch auch Spaß dabei.

Heute lerne ich weiterhin, aber keine Vokabeln mehr. Ich lese viel, um über bestimmte Themen mehr zu wissen, um neue Methoden und neue Erfahrungen kennenzulernen. Bei aller Lektüre frage ich mich immer: Was sind die Erfahrungen, die dieser Autor gemacht hat? Wie kann ich von ihm lernen? Ich möchte weniger Fakten lernen als vielmehr die Kunst des Lebens. Bei jedem Buch frage ich mich daher, wie dieser Autor sein Leben lebt oder gelebt hat, ob ihm das Leben gelingt oder gelungen ist oder nicht.

116

Das lernende Kind erinnert uns daran, dass wir Zeit unseres Lebens Lernende sind, auch im Alter noch. Wir lernen dann, wie es geht, Mensch zu werden, wie es gelingt, in guter Weise alt zu werden. Wer das Lernen verweigert, der bleibt innerlich stehen. Er entwickelt sich nicht weiter. Manche Lehrer meinen, sie wüssten schon alles und bräuchten daher nicht weiter zu lernen. Aber ob Lehrer, Professor, Arzt, Seelsorger, Therapeut, Handwerker oder Bauer: Alle müssen ihr Leben lang weiterlernen. Sie müssen sich auf ihrem Fachgebiet fortbilden, um auf der Höhe der Zeit zu sein und mit anderen konkurrieren zu können. Aber sie müssen auch als Menschen Lernende sein. Solange wir leben, lernen wir. Das macht das Leben spannend. Wir lernen aber nicht nur durch den Zuwachs an Wissen, sondern

117

auch durch jeden Fehler, durch Missgeschicke und Scheitern. Allerdings nur, wenn wir aufhören, uns Vorwürfe zu machen, dass etwas schiefgelaufen ist. Lernen verlangt, dass wir die Dinge und Geschehnisse anschauen und sie zu verstehen suchen.

Wie geht das: ein Leben lang lernen? Je älter wir werden, desto weniger geht es dabei um Inhalte oder Methoden, die wir uns aneignen müssen. Zwar ist es sinnvoll, auch im Alter noch zu lernen, wie ich den Computer oder das Handy benutzen kann, sonst ärgere ich mich nur darüber. Menschen, die das Lernen verweigern, isolieren sich immer mehr und schließen sich von der Gemeinschaft aus. Aber im Alter geht es eigentlich um andere Dinge, nämlich darum, wie das Leben gelingt. Das Ge-

118

lingen des Lebens hängt davon ab, ob ich Haltungen erlerne, die mir Halt geben, ob ich in die Schule der Tugenden gehe. „Tugend" kommt vom Verb „taugen". Ich soll also Tugenden erlernen, die es mir ermöglichen, dass mein Leben taugt und gelingt. Wir lernen bei jeder Begegnung und bei jeder Erfahrung, die wir machen, seien es nun positive oder negative, also auch durch Leid und Verlusterfahrung. Wir lernen, was das Geheimnis des Menschseins und der Menschwerdung ist.

Abenteuer Segensland

Abenteuer Segensland, komm, wir gehen
    Hand in Hand,
spielen, singen, tanzen, toben, unter
    unser'm Regenbogen.

Wir beide gehen auf Tour, du und ich,
auch wenn du anders bist als ich,
doch sehnen wir uns auch nach dem Segen,
unter'm Regenbogen leben,
der du andere Farben liebst, Melodien
suchst, findest, Ängste überwindest,
Stärken entdeckst, Talente nicht versteckst,
im Abenteuer Segensland.

120

Wir entdecken Länder, es gibt viel zu
    sehen,
andere Bräuche zu verstehen,
Menschen treffen, Freundschaft schließen,
einfach Gottes Welt genießen.
Ich glaube, dass sein Segen immer bei uns
    ist,
dich und mich niemals vergisst,
komm, lass uns das gemeinsam teilen,
im Abenteuer Segensland.

121

Das feiernde Menschenkind

„Hey, Pfarrer! Wann feiern wir denn wieder mal einen Gottesdienst?", ruft mir am Montagmorgen eine ganze Schar von Kindern vom Kindergartenspielplatz nebenan zu. Sie wollen feiern. Mit allen Sinnen eine Andacht erleben, die als fester Bestandteil des Tages einen guten Start in die neue Woche garantiert. Mit Händen und Füßen den Gottesdienst erleben, den Glauben, das Leben begreifen und entdecken.

Kinder lieben es, das Leben zu feiern, im Augenblick zu leben und dabei alles andere auszublenden. Bewusst und feierlich, ohne sich aus der Ruhe bringen zu lassen, den Moment des Feierns genießen.

„Heute ist Gegenteiltag", sagen unsere Kinder dann gerne und zählen auf, was den Festtag vom Alltag ganz konkret unterscheidet.

Der Mensch soll heute allein im Mittelpunkt stehen, mit seinen Bedürfnissen, Hoffnungen, dem Wunsch nach einer „Auszeit", nach einem „Inseltag". Heute darf ich kindlich feiern. Wo sonst Eile und oftmals Stress den Familienalltag bestimmt, soll heute die Langsamkeit das Lebenstempo sein.

Als Kind habe ich immer gerne die Feste des Kirchenjahres gefeiert: Weihnachten, Ostern und Pfingsten. Das Fest konnte nicht lange genug dauern. Und es war mir immer etwas wehmütig zumute, wenn Weihnachten vorbei war und der Christbaum wieder abgeräumt wurde. Genauso gern habe ich meinen Geburtstag und Namenstag gefeiert und mich auch feiern lassen. Bei seinem Geburtstag stand jedes Kind im Mittelpunkt. Es gab seinen Lieblingskuchen und

123

der Vater segnete es. Wir spürten, dass jeder Einzelne wertvoll und einmalig ist. Das Fest war eine besondere Zuwendung. Es vermittelte Geborgenheit und Heimat und war zugleich eine Verheißung von ewiger Geborgenheit und Heimat. Es wurden auch dann Gefühle gezeigt und ausgedrückt, die sonst das ganze Jahr über nicht sichtbar waren. Das tat gut. Das Feiern brachte uns auf neue Weise zusammen und in Berührung mit unserer Würde und unserer Einzigartigkeit.

Die Freude am Feiern habe ich mir auch als Erwachsener bewahrt. Das Weihnachtsfest hat immer noch etwas von dem Glanz, den es in meiner Kindheit hatte. Ich feiere es heute als Mönch ganz anders. Da ist die lange Weihnachtsmette mit den vielen

124

Psalmen und den lateinischen Choralge-
sängen. Es ist nüchterner, leiser als das Fest
meiner Kindertage, aber deshalb erlebe ich
es nicht weniger intensiv. Heute freue ich
mich darauf, am Heiligen Abend nach der
Feier im Konvent drei Stunden für mich
selbst in aller Stille zu feiern, indem ich
auf meinem Schreibtisch die Weihnachts-
karten aufstelle, Kerzen anzünde und mich
dann hineinmeditiere in das Geheimnis von
Weihnachten. Dazu gehört auch, dass ich
einen Teil des Weihnachtsoratoriums von
Bach anhöre und die Worte durch die Musik in mein Herz fallen lasse.

Als junger Mönch habe ich für Jugendliche
einen Kurs vom Mittwoch in der Karwoche
bis Ostersonntag gehalten. Das blieb über
25 Jahre so. Es waren intensive Tage, in denen wir gemeinsam das Geheimnis des Lei-

125

dens, Sterbens und der Auferstehung Jesu
meditiert und dies zusammen mit den Mön-
chen in der Liturgie ausgedrückt haben. Jedes Jahr freue ich mich von Neuem auf das
Osterfest. Ich halte jetzt keine Kurse mehr,
aber trotzdem fiebere ich Ostern entgegen.
Die Fastenzeit bereitet mich sechs Wochen
lang darauf vor. So entsteht eine Span-
nung, die dem Fest seinen eigenen Glanz
gibt. Wenn ich Geburtstag oder Namenstag habe, gratulieren mir meine Mitbrüder.
Meine Geschwister rufen an und wir feiern
in der Verwaltung mit den Mitarbeitern
und Mitarbeiterinnen. Schon wenn ich am
Morgen aufwache, werde ich mir bewusst,
was das bedeutet: wieder ein Jahr älter zu
sein, dankbar auf das vergangene Jahr, ja auf
mein ganzes Leben zurückzuschauen. An
meinem Namenstag denke ich über meinen

126

Namen nach. Seit 45 Jahren trage ich nun im Kloster den Namen Anselm. Ich lese dann in den Schriften von Anselm von Canterbury, der seine Theologie aus dem Gebet heraus entfaltet hat, und fühle mich mit ihm verbunden.

Ich kenne Erwachsene, die sich schwer tun, sich feiern zu lassen. Sie fahren an ihrem Geburtstag oder Namenstag weg, weil sie nicht gerne im Mittelpunkt stehen. Kinder haben diese Probleme nicht. Sie lassen sich gerne feiern. Sie genießen es, wenn ihnen alle gratulieren und wenn sich an ihrem Festtag alles nur um sie dreht. Sie geben damit nicht an, aber sie spüren, dass es guttut, sich auch einmal feiern zu lassen. Manche Erwachsene begründen ihre Flucht vor den Feiern mit entwertenden Sätzen wie: „Jede

Kuh feiert Geburtstag." Oder sie meinen, sie seien zu demütig, um sich feiern zu lassen. Doch das ist falsche Demut. Es gehört zum Wesen des Menschen, dass er sich an Festtagen seines Wertes bewusst wird und dass er es zulässt, das Geheimnis seiner Würde zu feiern. Er steht an seinem Festtag im Mittelpunkt. Aber um seine Mitte scharen sich andere Menschen. So entsteht Gemeinschaft. Das Fest tut allen gut. Sich feiern zu lassen ist letztlich ein Dienst an den anderen.

Wenn wir ein Fest feiern, dann lassen wir die Arbeit ruhen. Im Feiern ruhen wir aus. In der Feier steckt auch die Sehnsucht nach bleibender Gemeinschaft und Geborgenheit. Es ist eine Sehnsucht, die in dieser Welt nicht erfüllt werden kann. So verweist

128

jedes Fest auf das ewige Fest, an dem wir für immer das Geheimnis unserer Existenz feiern, die ihren Grund in Gott hat. Wir feiern, dass Gott uns das Leben geschenkt und uns mit vielen Gaben beschenkt hat. Wir feiern, dass jeder von uns einzigartig, von Gott geliebt ist und eine Würde in sich trägt, die es wert ist, gefeiert zu werden.

Wir Erwachsenen sollten von Kindern lernen, zu feiern und sich feiern zu lassen, das Leben selbst zu feiern. Die griechischen Philosophen waren der Ansicht, unser Leben sei ein Fest und wert, gefeiert zu werden. Die täglichen Rituale sind eine konkrete Weise, unser Leben, auch unseren Alltag als Fest zu feiern. Wir werden nicht von außen gelebt, sondern wir leben selbst. Wir geben unserem Alltag einen festlichen

Charakter. Gönnen wir uns täglich eine heilige Zeit, die uns und die Gott gehört. Diese heilige Zeit ist heilsam für uns. Sie bricht den Tag auf für das Geheimnis des Festes, das – nach einem Wort des heiligen Athanasius – der Auferstandene täglich mit uns feiert.

Ich bin heut in dein Haus gekommen

Ich bin heut in dein Haus gekommen,
    denn du lädst mich wieder ein.
Bei dir fühl ich mich ganz geborgen, darf
    bei dir zu Hause sein.

Wir singen dir und loben dich und preisen
    deinen Namen.
Wir singen dir und loben dich und preisen
    deinen Namen.

Was mich bedrückt, mir Sorgen macht, dir
    kann ich alles sagen.
Du nimmst die Schuld und ich kann
    wieder neue Schritte wagen.

Wir singen dir von ganzem Herzen, freu'n
    uns, dass du bei uns bist
und hören auf dein Wort des Lebens, weil
    du wie ein Hirte bist.

Wir danken dir für deine Gaben, du
    beschenkst uns überreich.
Du gibst dich selbst für Große, Kleine, vor
    dir, Gott, sind wir alle gleich.

Auch morgen willst du bei uns sein auf
    allen neuen Wegen.
Du sorgst für uns bei Tag und Nacht, bist
    da mit deinem Segen.

132

Das singende Menschenkind

Während einer Konzertreise durch Paraguay nehmen wir an einem Gottesdienst der einheimischen Indianer im Norden des Landes teil. Schon von Weitem hören wir die Gesänge in der Stammessprache. Die Kirche, die mitten im Dorf steht, ist sehr einfach und ohne jegliche „klassische" Einrichtung: keine Türen und Fenster, Bänke und Orgel schon gleich gar nicht. Die Gemeinde sitzt auf Plastikstühlen und die Pastoren und Ältesten stehen vorne an einem einfachen Altartisch. Zwar hat der Gottesdienst längst angefangen, doch kommen immer noch Kinder wie Erwachsene und wollen mitfeiern. Auch Hunde und Katzen sind hier und da zu sehen. Gesangbücher gibt es keine. Die Gemeinde singt, begleitet von einigen Gitarrenspielern und Schlagzeug, alle Lieder auswendig.

133

Sie singen mehrstimmig und mit unendlich viel Gefühl und Innigkeit. Wir als Gäste werden das Gefühl nicht los, dennoch alles zu verstehen, auch wenn wir die Sprache nicht können, und fangen an, die eingängigen Melodien mitzusummen. Dann sollen auch wir eines meiner Lieder, das ins Spanische und in diese Stammessprache übersetzt wurde, mit der Gemeinde singen: „Du bist ein Gott, der mich sieht. Du bist ein Gott, der mit mir geht durch ein ganzes Jahr, Halleluja." Und jetzt ist es die Indianergemeinde, die ohne zu zögern mit einstimmt, die Handbewegungen mitmacht und uns freudestrahlend versichert: Ihr seid in unserer Gottesfamilie willkommen.

Als Kind habe ich es genossen, wenn wir an Weihnachten gemeinsam um den Christbaum saßen und die alten Lieder sangen.

Aber nicht nur an Weihnachten, sondern auch sonst im Alltag habe ich als Kind Lieder, die mir meine Eltern beigebracht oder die wir in der Schule gelernt hatten, vor mich hingesungen. Es hat mir gut getan, zu singen. Wenn wir Kinder allein unter uns waren, haben wir auch gerne das gesungen, was uns Freude bereitete. Dabei haben wir nicht immer die passenden Lieder für den jeweiligen Anlass parat gehabt. Wenn wir einen toten Vogel feierlich in einer Prozession zu der Stelle trugen, an dem wir ihn begruben, haben wir „Ein Jäger aus Kurpfalz" gesungen. Das passte zwar gar nicht zu dem Anlass, aber es fiel uns gerade ein. Das Singen gab dem selbst gestalteten Ritual eine eigene Note.

Es freut mich immer, wenn Kinder gerne singen. Sie drücken darin ihre Freude am

Leben aus. Wenn ich Kinder in einem Kinderchor beobachte, dann bin ich fasziniert von ihrer Ungezwungenheit und von ihrer Lust am Singen. Als Karl Rahner seinen 80. Geburtstag feierte, sang ein Kinderchor für ihn. Er war zu Tränen gerührt. Der Herder Verlag, der das Fest gestaltete, hatte bewusst einen Kinderchor für den großen Theologen ausgesucht, denn er wusste um die kindliche Seele, die sich Rahner trotz aller wissenschaftlichen Leistungen bewahrt hatte. Es war für den alten Mann die größte Freude seines Festtages, dass die Kinder so fröhlich und ungezwungen, aber auch mit Hingabe und Liebe für ihn sangen.

Wenn ich Jugendkurse hielt, haben wir ebenfalls sehr viel gesungen. Das hob die Stimmung und formte die Jugendlichen zu einer Gemeinschaft. Es war wunderbar, wenn musikalisch begabte Jugendliche von sich aus mehrstimmig sangen. Da entstand eine Atmosphäre, die allen guttat. Umso mehr bedaure ich es, dass heute viele Jugendliche gar nicht mehr singen. Sie hören sich nur noch Musik an, aber sie trauen sich nicht selbst zu singen. Sie sagen, sie könnten das nicht. In Wirklichkeit haben sie Angst, ihre Gefühle auszudrücken. Doch mit dieser Weigerung, ihre innersten Gefühle im Singen auszudrücken, reduzieren sie ihr Menschsein. Oft genug entsteht dann ein Gefühlsstau. Irgendwann treten die Gefühle unkontrolliert hervor und überschwemmen das Bewusstsein mit Sentimentalität.

Schon der heilige Augustinus hat gewusst, dass Singen wesentlich zum Menschen ge-

137

hört. Er hat schöne Dinge darüber gesagt. *„Cantare amantis est"* – „Singen ist Sache des Liebenden." Man könnte auch übersetzen: „Wer singt, der liebt auch." Wer singt, kommt mit der Liebe in Berührung, die in seinem Herzen wohnt, von der er aber oft abgeschnitten ist. Das Singen ist Ausdruck von Liebe und es weckt sie in uns. Vom Lobgesang sagt Augustinus, dass er uns mit der inneren Freude in Berührung bringe. Außerdem glaubt er, dass das Singen in uns die Sehnsucht anstachle. So wie die Wanderer bei Nacht ihre Heimatlieder singen, um die Angst vor der Dunkelheit zu vertreiben, singen wir hier in der „Fremde" die Liebeslieder unseres Vaterlandes, um in uns die Sehnsucht nach der wahren Heimat zu wecken. Und noch etwas sagt Augustinus über das Singen: dass es uns in das Innerste

138

unseres Hauses führt, also in den innersten Seelengrund. Das klingt paradox, denn im Singen gehen wir ja aus uns heraus, wir äußern unsere Gefühle. Aber indem wir uns ausdrücken, kommen wir zugleich in Berührung mit der Tiefe unserer Seele, mit dem Grund unseres Herzens.

Mir erzählte ein Mann, der schon oft in Lettland war, dass die Letten ihre Volkslieder lieben. Wenn sie sie singen, dann lebt ihre Seele, dann kommen sie in Berührung mit ihrer eigenen Geschichte, mit der Geschichte von Leid und Freude. Als kurz vor der Wende die Kommunisten ihre Herrschaft unbedingt aufrechterhalten wollten, da sangen die Letten gegen die russischen Panzer ihre Volkslieder. Die Lieder waren stärker als die Panzer, denn dagegen hatten sie keine Mittel. Gegen singende Menschen konnten sie nicht vorgehen und mussten kapitulieren. Ein Sprichwort sagt: „Wo gesungen wird, da lass dich ruhig nieder." Singen schafft eine Atmosphäre von Geborgenheit. Es lädt auch andere ein, an diesem Gefühl teilzuhaben. Wenn Menschen miteinander singen, entsteht eine tiefe innere Verbundenheit. Wenn ich beispielsweise mit Ramona Robben gemeinsam einen Kurs halte, beginnen wir den ersten Abend immer mit einem Lied. Dann können wir recht schnell sagen, wie die Gruppe ist, ob sie zusammenklingt oder ob sich keiner traut, mitzusingen. Manchmal spüren wir dann beim Singen am Schluss des Kurses, was da in den Menschen gewachsen ist.

140

Singende Kinder, die nicht danach fragen, ob sie richtig singen, sondern einfach Freude haben, wollen auch uns Erwachsene einladen, das Singen zu wagen. Es geht nicht darum, dass es unbedingt schön klingen muss, sondern dass wir unsere Gefühle ausdrücken und im Singen mit unserem eigenen Herzen in Berührungen kommen, mit den Gefühlen von Freude und Traurigkeit, von Melancholie und Leichtigkeit, von Hoffnung und Sehnsucht.

Singt Halleluja

Singt Halleluja, singt mit uns neue Lieder,
singt Halleluja, singt ein neues Lied.

Kommt und singt mit uns heute neue
        Lieder,
sie nehmen dich mit, helfen immer wieder,
sie beflügeln deinen Glauben, geben Kraft
        und Mut,
ein neues Lied tut deiner Seele echt gut.
Melodien der Freude, Worte des Segens
begleiten deine Wege, sie klingen nie
        vergebens,
wie Engel, wie Boten, wie Wegbegleiter,
sie lassen Ewigkeit spüren auf der
        Himmelsleiter:
neue Lieder, neue Lieder, neue Lieder!

Bleib nicht sitzen, bleib nicht stehen,
mach dich auf den neuen Weg.
Es ist Gott, der Herr der Welt, der dir zur
   Seite steht,
der in Freude wie im Leid in dir lebt, in dir
   wacht,
der dich tröstet und dich stützt, bei Tag
   und in der Nacht.
Melodien der Freude, Worte des Segens
begleiten deine Wege, sie klingen nie
   vergebens,
wie Engel, wie Boten, wie Wegbegleiter,
sie lassen Ewigkeit spüren auf der
   Himmelsleiter:
neue Lieder, neue Lieder, neue Lieder!

Das mutige Menschenkind

Mit unserem ältesten Sohn stand ich nun schon längere Zeit auf dem Zehnmeterbrett im Freibad. Mulmig war es uns beiden dort oben, und alles gute Zureden der anderen Familienmitglieder half nicht, uns endlich ein Herz zu fassen und zu springen. Schließlich waren es die anderen mutigen Springer, die sich tapfer in die Tiefe stürzten und uns fast etwas beschämt oben zurückließen. Sie gaben uns den Mut, vom Brett zu springen.

Mit seinem mutigen und kompromisslosen Weg der Liebe wurde auch Jesus für viele Menschen zum Vorbild. Unbequem und nicht populär erschien den Zeitgenossen seine Haltung. So hat er den Menschen Mut und Zuversicht zugesprochen und sie zum Sprung in Gottes Arme und Hände aufgerufen.

144

Mein Vater hat mir das Schwimmen beigebracht. Er hielt mich zuerst in seinen
Händen unterm Bauch fest und ich sollte
Schwimmbewegungen machen. Dann ließ
er mich frei, damit ich mich selbst über
Wasser halte. Ich wusste, dass er in meiner Nähe war. So hatte ich den Mut, auch
alleine und ohne die Hilfe seiner Arme zu
schwimmen. Ich habe Ähnliches schon bei
vielen Kindern beobachtet: Wenn der Vater
in der Nähe ist, dann trauen sie sich mehr
zu. Sie springen von einer hohen Treppe
herunter oder klettern auf einen Baum. Der
Vater stärkt ihnen den Rücken. Er schenkt
ihnen das Vertrauen, etwas zu wagen, das
Leben selbst in die Hand zu nehmen und
mutige Schritte zu riskieren.

Das ist für mich ein schönes Bild, auch für
uns Erwachsene. Wir haben Mut, wenn

145

wir erfahren haben, dass uns der Vater das Rückgrat stärkt. Theodor Bovet meinte einmal: Ideologie sei Vaterersatz. Das heißt: Wer den Vater nicht als stärkend erfahren hat, der braucht einen „Rückgratersatz". Für solche Menschen sind das dann die eindeutigen und starren Normen, an denen sie sich festklammern. Sie finden keinen Mut, ihre eigenen Wege zu gehen. Sie halten sich an den Normen fest und überschreiten sie nicht. Das Überschreiten würde ihnen Angst machen. Aber selbst wenn wir den Vater als abwesend oder schwach erfahren haben, können wir mutige Schritte ins Leben tun. Wir brauchen die Erfahrung des Väterlichen. Zum einen steckt das Väterliche in uns selbst als ein archetypisches Bild. Der Vater in uns stärkt uns heute den Rücken, wenn wir jedem Konflikt ausweichen

146

wollen, damit wir uns mutig in den Kampf und in den Konflikt hineinwagen. Zum anderen ist es auch Gott, unser Vater, der uns den Rücken stärkt. Im Gebet dürfen wir ihn als Vater anreden. Wenn das nicht nur ein Lippenbekenntnis ist, sondern zur Erfahrung wird, stärkt es uns den Rücken. Dann bekommen wir Mut, das Leben selbst in die Hand zu nehmen.

Romano Guardini hat in einer Betrachtung über den Mut unterschieden zwischen der Veranlagung zum Mut und dem Mut als Tugend. Als Veranlagung ist sie ein Geschenk: Da hat einer ein Grundvertrauen ins Leben und wagt es. Aber eine Anlage birgt in sich immer auch Gefahren: Mut kann dazu führen, dass jemand wenig sensibel ist, sondern einfach nur ein Draufgänger. Mut als Tugend brauchen wir alle, damit unser Leben taugt, damit es gelingt. Guardini versteht Mut als die Fähigkeit, das eigene Dasein anzunehmen und dabei nicht auszuwählen zwischen Starkem und Schwachem, sondern das Dasein als Ganzes anzunehmen, wie es ist. Mut hat aber immer auch mit Zukunft zu tun: Mutig ist der, der in das Unbekannte der Zukunft vorstößt, der es wagt, sich auf Zukunft hin zu binden und sich auf etwas einzulassen, von dem er nicht weiß, wie es ausgeht. In diesem Sinn war Maria eine mutige Frau. Sie hat sich auf Gottes Wort eingelassen, ohne zu wissen, welches Schicksal sie erleiden muss. Guardini hält uns den Mut Jesu vor Augen. Mut ist eine Haltung, den Kampf für das Leben aufzunehmen, auch wenn wir nicht wissen, wie dieser Kampf ausgehen wird.

Heute tun wir uns schwer mit Begriffen wie Kampf und Mut. Wir denken sofort an Soldaten und Krieg. Doch Mut brauchen wir alle zum Leben. Es ist mutig, zu sich zu stehen, wenn andere einen kritisieren oder angreifen. Es ist mutig, zu seiner Überzeugung zu stehen, auch wenn die Meinung der Masse eine andere ist. Der Mutige kämpft nicht gegen jemanden, sondern für etwas: für das Leben, für die Wahrheit, für die Würde des Menschen. Wer kämpft, wird auch verletzt, aber der Mutige hat keine Angst vor Verletzungen. Er stellt sich ihnen, weil er in sich die Kraft spürt, authentisch bleiben zu wollen. Diese innere Klarheit verleiht uns den Mut zu kämpfen, auch wenn wir angegriffen und verletzt werden. Wir müssen uns entscheiden, ob wir nur Zuschauer bleiben und die anderen kritisie-

149

ren wollen oder ob wir selbst das Leben wagen, den Kampf für das Leben wagen, mit
dem Risiko, verwundet zu werden.

Mit meinem Gott kann ich über Mauern springen

Mit meinem Gott kann ich über Mauern
    springen,
will ihm Lieder singen, mit Freude und
    Dank.

Er ist da, wenn morgens mir die Kräfte
    fehlen
und die Last des neuen Tages mich
    erdrückt.
Wenn der Mut zum Aufbruch schon im
    Keim erstickt
ist es er, der mir neue Hoffnung schenkt.

Er ist da, wenn Angst mich in die Enge führt
und die Mauer meiner Schuld rings um
    mich steht.

151

Wenn das Leid, die Trauer mir den Atem
    nimmt
ist es er, der mir neue Kräfte gibt.

Er ist da, wenn Lieder unsre Welt erfüllen
und das Licht des Lebens unser Herz
    erhellt.
Wenn der Geist der Liebe uns
    zusammenführt,
ist es er, der auf weites Land uns stellt.

Er ist da, wenn Worte unser Herz
    berühren
und in Brot und Wein Versöhnung spürbar
    wird.
Wenn sein Segen über neuen Wegen steht,
ist es er, der auch morgen mit uns geht.

Das göttliche Menschenkind

Er gehört zu den ganz festen Bestandteilen meines Requisitenkoffers, den ich zu meinen Kinderkonzerten oder Liedergottesdiensten mitnehme: der purpurrote Königsmantel. Umnäht von einem künstlichen Nerzfell sieht er zunächst einmal verblüffend echt, also sehr wertvoll und feierlich aus. Ja, er wirkt majestätisch und verwandelt jedes Geburtstagskind, jede Jubilarin in ein wahres Königskind.

Bei einem Schülerkonzert mit mehreren hundert Kindern teilten sich beispielsweise drei Jungen, die alle an diesem Tag Geburtstag hatten, den Mantel und standen stolz und erhaben vor der Zuschauermenge. Bei einem Liedergottesdienst war es eine 95-jährige Frau, die so mutig war und sich den königlichen Geburtstagsmantel am Altar feierlich um die Schultern legen ließ, ein anderes Mal war es ein junger Vater mit seinem kleinen Sohn, der in die königliche Rolle schlüpfen durfte. Und in Nordthailand ließ sich ein angesehener Geschäftsmann während eines Gottesdienstes so an die eigene Königswürde als Gotteskind erinnern.

Gott legt uns würdevoll und feierlich seinen Mantel der Wertschätzung, der Würde und Liebe um. Das lässt uns Kraft schöpfen und zu neuen Wegen aufbrechen.

Gott ist nicht nur Mensch geworden, sondern vor allem sogar als Kind in diese Welt gekommen. Das ist eine wichtige Aussage, die wir an Weihnachten feiern. Gott hat es gewagt, als kleines hilfloses Kind zu uns zu kommen, das auf menschliche Zuwendung angewiesen ist. Wenn wir an Weihnachten die Geburt Jesu feiern, dann feiern wir zu-

154

gleich die Gottesgeburt in unserer Seele. In uns wird Gott als Kind geboren. Die Psychologie spricht heute vom göttlichen Kind, das jeder in sich trägt. Die Feier der Geburt Jesu will uns mit dem göttlichen Kind in uns in Berührung bringen.

Für Psychologen ist das göttliche Kind ein archetypisches Bild, das in vielen Mythen zum Ausdruck kommt. Das Weihnachtsfest spricht deshalb so viele Menschen in der Tiefe ihrer Seele an, weil es das archetypische Bild des göttlichen Kindes beinhaltet, das jeder in seinem Herzen trägt. Die Griechen und Lateiner kennen den Mythos vom *„puer aeternus"*, vom ewigen Kind. Das Erscheinen des göttlichen Kindes „kennzeichnet den Beginn des Goldenen Zeitalters" (Bradshaw, Das Kind in uns, 340). Es bringt die Gegensätze in uns zur Einheit und

Ganzheit. Das göttliche Kind ist ein Bild der Erneuerung und der Ganzheit. Wenn wir Weihnachten feiern, dann immer in der Hoffnung, dass wir durch das Fest neu werden, dass wir mit dem göttlichen Kind in uns in Berührung kommen. Es lässt in uns das ursprüngliche Bild aufleuchten, das Gott sich von jedem von uns gemacht hat.

Das göttliche Kind Jesus wird, wie in der Bibel zu lesen, von Herodes verfolgt. Seine Eltern müssen mit ihm nach Ägypten fliehen. Mit dieser Geschichte greift der Evangelist Matthäus den Mythos vom „ausgesetzten Kind" auf, der in vielen Kulturen und Religionen erzählt wird. Matthäus erfüllt mit seiner Erzählung die Sehnsüchte, die die Menschen in diesem Mythos zum Ausdruck gebracht haben. Auch in der Ge-

156

schichte von Romulus und Remus, den Begründern von Rom, wird von ausgesetzten Kindern erzählt, ebenso wie in der Erzählung von Mose, Ödipus, Krishna, Perseus, Siegfried, Buddha und Herakles. Wir finden in diesen Mythen immer wieder gleiche Elemente: Die Geburt des göttlichen Kindes ist von außergewöhnlichen Umständen begleitet; eine lange Zeit unfruchtbare Frau gebiert das Kind oder aber eine Jungfrau wird Mutter; das Kind wird von der Herrschaft im Land verfolgt; die alten Herrschaftsverhältnisse werden erschüttert; die mächtigen Tyrannen bekommen Angst vor dem göttlichen Kind; wenn das göttliche Kind erwachsen ist, erwächst aus seinem Tun und Sagen eine neue Lehre und es erneuert mit seiner Lehre und mit seinen Taten die alte Welt.

157

Wir alle sind solche ausgesetzten göttlichen Kinder, die sich auf der Reise zu ihrem wahren Selbst befinden. Wenn wir mit dem göttlichen Kind in Berührung kommen, dann erfahren wir in uns auf einmal eine Quelle von Energie. Sie gibt uns einen richtigen Schub, der uns Kraft schenkt, das Leben selbst in die Hand zu nehmen. Wir entdecken dann in uns auch eine Quelle von Kreativität: Wir trauen uns etwas zu. Wir haben Lust, etwas zu gestalten und nicht nur das eigene Leben zu leben, sondern auch etwas für diese Welt zu tun, diese Welt zu erneuern, eine eigene Welt aufzubauen, die menschlicher ist als die, in der wir leben.

Es ist unsere Aufgabe, mit dem verletzten Kind in uns in Berührung zu kommen. Aber wir sollen dabei nicht stehen bleiben. Zu Hause kommen wir erst an, wenn wir das göttliche Kind in uns entdecken, das Potenzial von Erneuerung und Kreativität. Das göttliche Kind bringt uns in Berührung mit unserem wahren Selbst. Es führt uns ein in das innere Haus, in dem wir wahrhaft zu Hause sind, weil das Geheimnis Gottes in uns wohnt. Zu Hause sein kann man nur, wo das Geheimnis wohnt. Bei unserem göttlichen Kind kommen wir an, wenn wir daran glauben, dass wir von Gott kommen und dass wir Gottes Geschöpfe sind. Dann verstehen wir, dass wir durch Jesus Christus selbst zu Söhnen und Töchtern Gottes geworden sind, die in sich ein göttliches Kind tragen, das unverletzt und unverfälscht ist.

159

Wenn wir mit dem göttlichen Kind in uns in Berührung kommen, dann sind wir wirklich wir selbst: authentisch, frei, heil und ganz, rein und klar und zu Hause.

Beschenkt mit Liebe

Gott, du kommst in unsre Welt,
um ganz nah bei uns zu sein,
beginnst ganz arm und klein,
du reichst uns deine Hand
in unserm Lebensland,
begegnest uns,
lädst uns ein.

Gott, du kommst in unsre Welt,
um Licht zu sein,
entfachst ein helles Feuer,
das in meinem Herzen brennt,
sich selbst verschenkt,
überreich, überreich.

161

Nicht mit Macht, nicht mit Glanz,
allein beschenkt mit Liebe,
jeden Tag, jede Nacht,
überreich, überreich.

Gott, du kommst in unsre Welt,
um auch dort zu sein,
wo Not den Blick verdunkelt,
zündest Hoffnungslichter an,
fängst bei uns an,
überreich, überreich.

Gott, du kommst in unsre Welt,
um Licht zu sein.

Das gesegnete Menschenkind

Anstelle einer Predigt spielen wir im Familien-
gottesdienst eine Jesusgeschichte nach. Ich ver-
teile orientalische Umhänge an Mädchen und
Jungen und erkläre ihnen kurz ihre Rolle: Es
spielen Eltern und Kinder sowie Jesus und Jün-
ger mit. Ich selbst lese während dieser biblischen
Mitmachszene die Regieanweisungen und un-
termale die Szenerie mit dem Lied „Lasst die
Kinder zu mir kommen".
Jesus läuft, bedrängt von mehreren Jüngern,
durch die Kirche und antwortet pantomimisch
auf ihre vielen Fragen. Plötzlich stellen sich ihm
Kinder und Eltern in den Weg. Ihr sehnlichster
Wunsch ist es, von Jesus gesegnet zu werden. Die
Jünger reagieren gemäß der Vorgaben im Mar-
kusevangelium mit Empörung und beginnen
die Störenfriede lautstark wegzuschicken. Jesus

163

schaut sich das aber nicht lange an. Der Junge, der die Jesusrolle übernommen hat, gerät buchstäblich in Rage, beschimpft nun seinerseits seine Jünger: Ob sie denn überhaupt nicht verstanden hätten, um was es bei Gott und dem Glauben an ihn gehe? Ob sie sich nicht schämten, und was ihnen überhaupt einfalle! Betroffenes Schweigen in der Kirche. Die Jungen und Mädchen, die die Jüngerrolle übernommen hatten, stehen wie versteinert da und schämen sich tatsächlich für ihr Verhalten. Mitten in diese doch eher peinliche Stille hinein ruft der Junge, der die Jesusrolle so eindrucksvoll spielte, Kinder und auch die Eltern zu sich, legt ihnen die Hände auf, streichelt sie liebevoll und spricht ihnen in aller Seelenruhe den Segen Gottes zu.

Mir verschlägt es fast die Stimme. Auch die Gemeinde hält sichtlich den Atem an. Wir singen dann gemeinsam den Refrain und haben alle

164

dabei immer diesen Jungen vor uns, der mit sei-
ner „Predigt" so eindrucksvoll und unvergess-
lich gezeigt hat, wie gerade Kinder unter dem
Segensschirm Gottes ihren Platz finden.

Oft sagen wir von einem Kind, es sei ein
Segen für die Familie. Es bringt soviel Lebendigkeit und Fröhlichkeit mit, dass es alle
damit ansteckt. Nicht selten sind es gerade
die sogenannten Nachzügler, die Kinder,
die gar nicht geplant waren, die der Familie
so viel Segen bringen. Sie sagen dann, dieses Kind sei ihr Sonnenschein. Manchmal
können diese Kinder in den Eltern neue
Seiten hervorlocken.

Jesus hat die Kinder gesegnet. Die Jünger
wollten das verhindern, weil sie meinten,
den Kindern die Hände aufzulegen sei Zeit-

verschwendung. Jesus habe Wichtigeres zu tun. Er hatte ja schließlich die Botschaft vom Reich Gottes zu verkünden! Doch Jesus umarmt die Kinder und segnet sie. Auch als die Jünger miteinander stritten, wer denn die ersten Plätze im Reich Gottes einnehmen wird, stellte Jesus ein Kind in ihre Mitte und nahm es in die Arme. Er mahnte die Jünger: „Wer das Reich Gottes nicht so annimmt wie ein Kind, der wird nicht hineinkommen" (Mk 10,15). Die Jünger, die auf die Kinder herabschauen, sollten von ihnen lernen, wie sie in das Himmelreich gelangen können. Dazu brauchten sie die Offenheit und Unbefangenheit eines Kindes, die Bereitschaft, sich beschenken zu lassen.

166

Jesus segnete die Kinder. Und in seiner Nachfolge segnen viele Väter und Mütter ihre Kinder auch heute noch, beispielsweise wenn sie aus dem Haus gehen. Der Segen begleitet die Kinder und schützt sie. Die Eltern können sie so auch mit mehr Vertrauen loslassen. Sie wissen, dass ihre Kinder nicht allein sind, sondern von Gottes Segen begleitet werden. Eine Kindergärtnerin erzählte mir jedoch, dass sie oft darüber erschrickt, wie viele Kinder ungesegnet in den Kindergarten kommen. Das lateinische Wort für segnen heißt *„benedicere"*, „Gutes sagen", „gut zum anderen sprechen". Die Kinder haben dann beim Abschied von zu Hause keine guten Worte wie „Sei behütet! Gott segne dich! Ich denke an dich" gehört. Vielmehr haben sie verletzende Worte gehört: „Mach end-

167

lich schneller. Du hältst die ganze Familie auf. Du bringst immer alles durcheinander. Du bist eine Last für uns." Wenn solche „Fluchworte" die Kinder begleiten, fühlen sie sich bedrückt und ungesegnet. Sie ziehen sich dann in sich selbst zurück, um nicht noch mehr verletzt zu werden. Oder sie werden aggressiv gegenüber anderen Kindern, um ihre negative Last anderen weiterzugeben.

Jeder Mensch ist ein Segen. Die schönste Zusage, die Gott einem Menschen machen kann, sind die Worte, die er zu Abraham sagte: „Du sollst ein Segen sein!" (Gen 12,2). Wenn wir das einmalige Bild leben, das Gott sich von uns gemacht hat, dann werden wir zum Segen für andere, auch wenn wir gar nicht merken, dass von uns Segen

168

ausgeht. Viele wehren sich, wenn man zu ihnen sagt: „Du bist ein Segen." Sie erinnern
sich sofort an ihre Fehler und Schwächen.
„Ich mit meinem inneren Chaos kann doch
kein Segen für andere sein", sagen sie dann.
Doch wenn wir diese Zusage Gottes einmal
in uns hineinfallen lassen, dann verwandelt sie unsere negativen Selbstbilder. Eine
Frau hatte beispielsweise das Selbstbild,
das sich ihr seit ihrer Kindheit eingeprägt
hatte: „Ich bin nicht richtig." Eine andere
fühlte: „Ich bin niemandem zuzumuten.
Mit mir kann es niemand aushalten." Ein
Mann hatte das Selbstbild: „Bei mir geht
alles schief. Ich bin ein Versager." Solche
destruktiven Selbstbilder belasten uns. Sie
ziehen uns nach unten. Da ist es gut, sich
immer wieder zu sagen: „Ich bin ein Segen." Ich kann mit diesem neuen Selbstbild

169

nicht angeben, denn ein Segen zu sein heißt nicht, dass ich perfekt bin. Vielmehr bin ich so, wie ich bin, mit all meinen Fehlern und Schwächen, und dennoch ein Segen für andere. Ein Segen sein heißt, meine ganz persönliche Lebensspur in diese Welt einzugraben. Ich muss mir nur immer wieder darüber bewusst werden, welche Spur das sein soll, ob eine Spur der Unzufriedenheit oder der Freundlichkeit, der Anklage oder der Dankbarkeit, der Härte oder der Milde, der Finsternis oder des Lichtes, des Hasses oder der Liebe.

Jeder Mensch ist ein Segen. Und als Gesegnete dürfen wir auch Segen spenden: als Vater oder Mutter unseren Kindern zum Beispiel. Es ist aber auch ein schönes Morgenritual, wenn ich meine Hände erhebe

und den Segen Gottes zu meinen Famili-
enangehörigen und zu meinen Freunden
strömen lasse. Ich kann mir vorstellen, wie
der Segen Gottes durch meine Hände in
die Räume meiner Wohnung strömt. Dann
kann ich über den engen Raum meiner Familie hinausgehen und den Segen Gottes
durch meine Hände zu den Menschen strömen lassen, mit denen ich heute arbeiten,
denen ich heute begegnen werde. Er fließt
in die Räume meiner Arbeit. Zudem kann
ich den Segen Gottes an alle Orte schi-
cken, von denen ich weiß, dass dort Streit
und Hass und Leid herrschen. Dann geht
von mir wirklich eine Spur des Segens aus.
Ich darf darauf vertrauen, dass der Segen
Gottes wirkt. Zumindest lässt er mich mit
einer anderen inneren Haltung in die Welt
hinaus gehen. Ich werde überall gesegneten

171

Menschen begegnen und gesegnete Räume
betreten.

Viele meinen, die Welt würde von den
Mächtigen bestimmt, wir hätten ja als Einzelne gar keine Chance, diese Welt mit-
zugestalten. Doch das stimmt nicht: Jeder
prägt die Welt durch die Lebensspur, die er
in sie eingräbt. Diese Spur wirkt sich aus.
Die Naturwissenschaft spricht heute von
morphogenetischen Feldern, das heißt: Alles ist miteinander vernetzt. Die Spur, die
wir eingraben durch unsere Gedanken,
Worte, Taten und durch unsere Ausstrahlung wirkt sich in diese Welt hinein aus. Sie
kann nicht rückgängig gemacht werden.
Und der Segen, den wir in die Welt hinaus
senden, ist eine Realität. Er verwandelt die
Welt und erfüllt sie mit einer guten Ener-

gie. Wir dürfen darauf vertrauen, dass Gott selbst in dem Segen, den wir aussenden, wirkt und diese Welt mit seiner Liebe und seiner Barmherzigkeit durchdringt.

Beschirmt, beschützt, in deiner Hand

Beschirmt, beschützt, in deiner Hand
geh ich getrost in ein neues Land.

Ich geh meinen Weg, weil das Leben vor
    mir liegt,
und ich bin mir sicher, dass du mit mir
    gehst,
die Zeit mit mir teilst, jeden Augenblick,
weil alles, was ich hab, wie ein Geschenk
    des Himmels ist.
Jede Stunde, jeden Tag leb ich mit deiner
    Liebe,
weiß ganz genau, dass ich sie oft nicht
    verdiene,
vor Glück, vor Freude will ich tanzen,
    singen,
das Leben ruft, will über Mauern springen.

174

Oft kann ich's nicht glauben, seh ich auch
    den Regenbogen,
ich zweifle an allem, es scheint wie
    verlogen.
Dinge passieren, an die ich nie gedacht,
dabei hast du selbst an meiner Seite
    gewacht.
Du beschützt mein Leben, mein Glauben,
    mein Hoffen,
ich will es entdecken, das Land steht mir
    offen,
Bei Tag und Nacht will ich dich spüren,
gesegnet mein Leben, du wirst mich
    führen.

Das aufbrechende Menschenkind

An unserer Pinnwand am Türeingang findet sich neben Postkarten und Merkzetteln auch ein strahlend weißes Paar Engelsflügel aus Nylonstoff. Unsere Tochter trug sie anlässlich eines Theaterstücks. Aus irgendeinem Grund sind sie hier buchstäblich gelandet. Anfangs war das nur als Übergangslösung gedacht. Doch auch nach Monaten sind sie immer noch da. Sie ragen sogar etwas in den Flur hinein, als ob sie mich berühren und mich auf sie aufmerksam machen wollten. Tatsächlich erinnern sie mich mehrmals am Tag an Gottes Boten, seine heiligen Engel, die mich auf dem Weg zur Schule, zur Arbeit, zum Einkaufen begleiten, schützend ihre Flügel über mir ausbreiten. Das schenkt mir Gelassenheit und Ruhe.

176

Diese Berührung im Vorübergehen lässt mich voller Hoffnung und Zuversicht beflügelt außer Haus gehen: „Danke, Gott, dass ich unter deinem Segen beschirmt und beschützt bin, dass deine Engel mich auf Flügeln tragen wollen, mir Schutz und Sicherheit geben!"

Jedes Kind bringt etwas Neues in die Welt. In jedem steckt die Verheißung eines Aufbruchs. Kinder brechen in die Welt auf, um sie zu erobern. Zunächst vielleicht nur in kleinen Schritten, wenn es durch die ganze Wohnung krabbelt und nichts vor ihm sicher ist. Wenn es dann älter wird, erkundet es die nähere Umgebung. Zum jungen Menschen herangewachsen, bricht es dann tatsächlich in die weite Welt auf.

Das deutsche Wort „aufbrechen" meint ursprünglich: das Lager oder seine Zelte abbrechen, um einen Aufbruch zu wagen. Um aufbrechen zu können, muss ich daher Altes und Gewohntes sein lassen. Die Familie ist für das Kind eine Heimat. In ihr fühlt es sich wohl. Es hat ein Zuhause, das ihm Geborgenheit vermittelt, aber es kann nicht immer in dieser Geborgenheit bleiben. Es würde sonst im mütterlichen Nest hocken bleiben wie ein Vogel, der nicht flügge werden möchte. Auch der Vogel muss das Nest verlassen, um in die Welt hinaus zu fliegen. So braucht auch der Mensch einen Aufbruch. Das fällt vielen schwer, denn er ist immer auch mit Abbruch verbunden, oft genug sogar mit einem Zerbrechen. Wenn ich aufbreche aus dem vertrauten Haus, muss ich meine bisherigen Vorstellungen vom

178

Leben zerbrechen lassen. Als Kind träumen wir von der „heilen Familie", in der wir für immer geborgen sind. Wenn ich jedoch in die Welt hinaus gehe, dann fühle ich mich oft genug allein. Dann habe ich die Familie zwar im Hintergrund, aber viele Wegstrecken muss ich allein gehen.

Als Kind träumen wir auch davon, dass wir diesen oder jenen Beruf erlernen und es zu etwas bringen. Doch oft genug entpuppen sich unsere Lebensträume als Illusionen. Das Leben zerbricht diese Träume. Wir können darauf resigniert reagieren und uns dem anpassen. Dann sieht unser Leben nach außen vielleicht sogar erfolgreich aus. Doch wir verdecken damit nur unsere zerbrochenen Lebensträume. Das Zerbrechen unserer Vorstellungen vom Leben ist die Chance, sich selbst aufbrechen zu lassen für

179

das eigene wahre Selbst, für die Menschen und für den unbegreiflichen Gott. Das Zerbrechen von Träumen und Idealen gehört zu unserem Leben. Es ist die Bedingung, dass wir mehr und mehr aufgebrochen werden.

Zudem werden wir in unserem Leben immer wieder verletzt. Wir fühlen uns dann oft wie gebrochene Menschen. Verletzungen zerbrechen die heile Fassade unseres Seins. Aber dort, wo wir gebrochen sind, zerbrechen auch die Masken, die wir aufgesetzt haben, die Panzer, die wir um unser Herz gelegt haben. Nur so können wir nach innen, zu unserem Herz gelangen, wo wir unser wahres Selbst finden. Die Wunden, die wir vom Leben haben, zwingen uns, uns immer wieder auf den Weg zu machen, auf-

180

zubrechen, um Heilung zu finden, uns auf die Suche nach dem Sinn unseres Lebens zu machen. Diese Wunden brechen uns auch auf für die Menschen. Sie öffnen unser Herz, sodass wir die anderen spüren und sie verstehen. Wer um seine Wunden kreist, der schwimmt im eigenen Selbstmitleid und kommt nicht weiter. Wer sich jedoch von den Wunden aufbrechen lässt, der entdeckt, wer er eigentlich ist und kommt so dem unbegreiflichen Gott näher.

Wenn wir aufbrechen, um unseren Weg zu gehen, werden wir uns immer wieder auch der eigenen Gebrechlichkeit bewusst. Wir erleben, dass unser Leben brüchig ist: Wir können weder für unsere Gesundheit garantieren noch für unseren Erfolg. In unserer Brüchigkeit sehnen wir uns nach einem

181

festen Fundament, auf dem wir unser Lebenshaus bauen können. Jesus spricht von dem Haus, das wir auf den Felsen bauen sollen. Der Fels ist Gott. Wenn wir es auf den Sand unserer Illusionen bauen – der Illusion, dass alle uns mögen, alle uns bewundern –, dann wird das Haus sehr schnell zusammenbrechen. Wenn aber erst einmal alles zusammengebrochen ist, fällt ein Aufbruch schwer. Wir sehnen uns dann nach einem, der uns aufrichtet und uns Mut macht, aufzustehen und von Neuem aufzubrechen. Gott ist es letztlich, der auch das Zusammenbrechen unserer Illusionen in einen neuen Aufbruch verwandelt.

So sind wir unser Leben lang aufbrechende, gebrochene, brüchige und manchmal auch zerbrochene Menschen. Aber wir dürfen

182

vertrauen, dass Gott die Bruchstücke unseres Lebens immer wieder zusammensetzt und in die Gestalt hinein formt, die unserem wahren Wesen entspricht. Manchmal zerbricht etwas, von dem wir meinten, es sei unser Leben. In Wirklichkeit war es nur unsere Vorstellung davon. Wenn wir die Vorstellungen vom Leben zerbrechen lassen, werden wir aufgebrochen für das wahre Leben. Dann können wir immer wieder aufbrechen zu neuen Ufern. Letztlich ist unser Leben ein beständiges Aufbrechen zu Gott, ein Aufgebrochenwerden für Gott. Die Bibel nennt das Auferstehung. Das Grab, das die Soldaten versiegelt hatten, wird aufgebrochen, und Christus steigt in seiner Herrlichkeit heraus. Der Stein, der auf uns liegt und uns am Leben hindert, wird weggewälzt, damit auch wir mit Christus auf-

183

erstehen, damit wir einen Aufstand wagen gegen alles, was uns zurückhalten möchte vom Leben, um dann mit Christus aufzubrechen zum Vater, der unser allerletztes Ziel ist.

Ich geb dir einen Engel mit

Ich geb dir einen Engel mit,
der dich begleitet, dich beschützt,
der dich behütet, dich bewacht,
an jedem Tag, in jeder Nacht.

Ich geb dir einen Engel mit,
der dich begleitet, dich beschützt,
der dich beflügelt, bei dir bleibt,
heute und in Ewigkeit.

Wie gute Wünsche, die dich stets
    begleiten,
wie Segensworte, die dich sanft berühren,
sind Engel seine Boten, die dir zur Seite
    stehen,
die Leben mit dir teilen, immer mit dir
    gehen.

185

Wie gute Freunde, denen du vertrauen
    kannst,
wie Menschen, die das Beste für dich
    wollen,
sind Engel seine Boten, die dir zur Seite
    stehen,
die Leben mit dir teilen, immer mit dir
    gehen.

Wie neue Lieder, die stets in dir klingen,
die dich ermuntern, dich zutiefst erfüllen,
sind Engel seine Boten, die dir zur Seite
    stehen,
die Leben mit dir teilen, immer mit dir
    gehen.

186

Schluss

Es gäbe sicher noch viele andere Bilder des Menschenkindes, die wir betrachten könnten. Jeder wird in seinem Herzen solche Bilder entdecken. Das Kind in uns erlaubt es uns, mit allen Gefühlen in Berührung zu kommen, die wir sonst so oft verbergen, weil wir meinen, sie dürften nicht sein oder wir dürften sie nicht zeigen. Das Kind, dem wir begegnen, das wir betrachten, über das wir staunen, erinnert uns an das Kind in uns. Es lässt das Kind in uns lebendig werden. Wenn es auflebt, dann werden wir authentisch, dann fallen all die Zwänge von uns ab, die wir uns selbst auferlegt haben: der Zwang, immer „cool", immer stark und selbstbeherrscht und erfolgreich sein zu müssen. Wir dürfen sein, wie wir sind. Das

187

lässt uns frei werden. Wir hören auf, uns mit anderen zu vergleichen und haben Lust an unserem Leben, denn wir wissen: „Mein Leben ist wertvoll. Gott hat mich als einmaligen und einzigartigen Menschen geschaffen. Ich brauche mich nicht in ein Korsett zu zwängen, das für mich zu klein oder zu groß ist. Ich darf ich selbst sein. Wenn ich mit dem Kind in mir in Berührung komme, dann bin ich authentisch und ein Segen für andere."

Diese optimistische Sicht von uns selbst will uns das Kind in uns schenken. Es will aber durch uns auch andere anstecken, mit ihrem eigenen inneren Kind Kontakt aufzunehmen. In der Nähe eines Kindes bekommen auch Erwachsene Mut, das zulassen.

188

Wenn das Kind in Ihnen lebt, so wird es auch in den Menschen lebendig, denen Sie begegnen. So wünschen wir Ihnen, dass Sie mit den Augen eines Kindes Ihr eigenes Leben staunend betrachten, aber immer wieder auch über das Wunder staunen dürfen, dass durch Sie das Kind in anderen auflebt und die Welt um Sie herum lebendiger, freier, fröhlicher und leichter wird.

Anselm Grün Topseller

50 Engel für das Jahr
Ein Inspirationsbuch
Band 4902
Ein „himmlisches" Buch, zum Schmökern und
Verschenken.

50 Engel für die Seele
Band 5277
Anselm Grün ermutigt auf wohltuend vertraute
und inspirierende Weise, sich auf die Kräfte
einzulassen, die unser Leben beflügeln können.

Das Buch der Lebenskunst
Band 5700
Endlich im Taschenbuch: Der Bestseller des
„Glückspaters".

Das kleine Buch der Engel
Wünsche, die von Herzen kommen
Band 7034
Ein Buch, das die Seele zum Klingen bringt,
voll spiritueller Energie, belebend und
inspirierend

Das kleine Buch der Lebenslust
Band 7027
Lebenslust – Lass dich verzaubern. Nimm dir
Zeit für deine Seele, höre auf deinen Leib – und
genieße mit allen Sinnen

HERDER spektrum

Das kleine Buch vom guten Leben
Band 7044
Sich im Alltag tiefer verankern, seine
Beziehungen gut gestalten, für sich das rechte
Maß finden – und aus einem weiten Herz leben.

Das kleine Buch vom wahren Glück
Band 7007
Für alle Lebenslagen – ganz besonders, wenn
der Alltag einmal grau zu werden droht.

Die eigene Freude wiederfinden
Band 6098
Anselm Grün weiß und zeigt, wie jeder
Einzelne zu den Quellen seiner Freude wieder
Zugang finden kann.

Lass die Sorgen – sei im Einklang
Einfach leben
Band 7055
Anselm Grüns Worte sind wie Schlüssel, die
etwas in unserer Seele aufschließen. Sie
eröffnen einen Raum für mich und andere.

Jeder Tag ein Weg zum Glück
Band 7096
Die Botschaft von Anselm Grün verzaubert den
Alltag, inspiriert die Seele und verwandelt das
Leben.

HERDER spektrum